CONTES

de

Nasreddin Hodja

KalYair Voyage

ISBN 979-10-95581-02-4

© KarYair Voyage, 2018

Le Code de la propriété intellectuelle interdit les copies ou reproductions destinées à une utilisation collective. Toute représentation ou reproduction intégrale ou partielle faite par quelque procédé que ce soit, sans le consentement de l'auteur est illicite et constitue une contrefaçon sanctionnée par les articles L335-2 et suivants du Code de la propriété intellectuelle.

Le monde de Nasreddin Hodja

comique populaire
et
sagesse soufie

À deux pas de la gare Bruxelles-Nord, dans le quartier Brabant de la commune de Schaerbeek, à l'angle des rues Rubens et Gallait, le visiteur curieux peut découvrir, pour quelque temps encore, une bien mystérieuse statue : un vieil homme bedonnant, coiffé d'un énorme turban, chevauchant un âne de la plus étrange des manières. Assis à l'envers sur le dos de l'animal, notre vieillard paraît pourtant à son aise, tenant bride et regardant, un sourire aux lèvres, un horizon qui, dans cet environnement urbain limité, se borne à la pharmacie qui lui fait face.

Ce curieux équipage semble bien loin de chez lui si l'on en croit les vêtements de style oriental de notre malicieux vieillard. Et pourtant, il est ici à sa place à plus d'un titre.

En 1136, le duc de Brabant autorise les meuniers de Schaerbeek, résidant alors hors des murs de la ville, à y pénétrer avec leurs ânes afin d'approvisionner en farine les boulangers. Cette autorisation sera plus tard étendue aux nombreux maraîchers de la commune pour qu'ils se rendent au marché pour y vendre le produit de leurs récoltes ; particulièrement les fameuses cerises de Schaerbeek, indispensables à la confection de la kriek lambiek, bière bruxelloise par excellence.

Chaque matin, c'est donc une procession d'ânes lourdement chargés qui s'ébranle le long de l'Ezelweg (« chemin des ânes »), l'actuelle rue Josaphat, pour rejoindre le principal marché de la ville. Et leur arrivée dans les rues est accueillie par les habitants au cri de *« Hei ! doë zên die êzels van Schoerebeik ! » (« Tiens ! Voilà les ânes de Schaerbeek ! »)* avec autant de mépris que de joie. Rapidement, par le jeu d'une métonymie qui fera confondre les habitants avec leurs ânes, la commune deviendra la Cité des ânes.

La monture de notre statue en bakélite n'a donc pas atterri là par hasard. Pourtant, même si son genre la destine naturellement à figurer dans cette Cité des ânes, elle n'y est que par le jeu d'un jumelage bien plus récent. Et c'est désormais à son cavalier qu'il faut nous intéresser.

Car nous sommes ici, dans les quartiers nord de Bruxelles, à cheval sur Schaerbeek et Saint-Josse-ten-Noode, dans la « petite Anatolie ».

En 1964, l'État belge, à l'instar de son voisin français, a besoin de main-d'œuvre pour son industrie et ses gros chantiers. Les travailleurs étrangers viendront en majorité de Turquie, et plus particulièrement de la petite ville d'Ermidağ, en Anatolie. Restés sur place, ils sont aujourd'hui intégrés, mais occupent encore ce quartier qu'ils ont façonné et font vivre avec la force de leurs traditions.

Mais il faut attendre 2002, et le début d'une collaboration avec la ville de Beyoğlu (Istanbul), pour que se concrétise un rapprochement de Schaerbeek avec la Turquie. Le jumelage ne sera entériné qu'en janvier 2014, mais dès septembre 2003 le bourgmestre est reçu à Istanbul. À cette occasion, les autorités de Beyoğlu proposent une statue afin de renforcer ce lien naissant.

Et qui mieux que Nasreddin Hodja — car c'est de lui qu'il s'agit — pouvait servir d'ambassadeur à ce projet ? On l'a vu, son âne, compagnon et souffre-douleur, était tout indiqué pour ce choix. Mais son maître ne l'est pas moins. Symbole d'un comique populaire et irrévérencieux, il trônera à sa place dans ce pays[1] réputé pour son humour tout aussi acide.

Les origines de Nasreddin sont on ne peut plus obscures. La tradition le fait naître en Anatolie près de Sivrihisar en 1208, dans le petit village de Hortu, devenu depuis Nasrettin Hoca en son honneur. Son père aurait été imam, ce qui explique les rudiments d'éducation dont il bénéficiera et qui lui permettront les nombreux mots d'esprit auxquels il doit sa célébrité. Il passera une grande partie de sa vie à Akşehir, avant de mourir à Konya en 1284.

Une bien courte biographie pour un personnage dont la renommée s'étend à la quasi-totalité du monde arabo-musulman. Car il est plus probable que Nasreddin Hodja ne soit que le véhicule d'une tradition orale qui, au fil des siècles, a trouvé dans ce débonnaire vieillard un étendard tout désigné pour porter une sagesse populaire destinée à divertir tout autant qu'à instruire.

Car ce qui fait de Nasreddin une figure mythique de la culture musulmane, ce sont les fables dont il est le héros, parfois à ses dépens. Des fables et des « contes » qui, comme tout matériel oral, sont difficiles à recenser précisément. Les variantes d'une même histoire sont nombreuses et déclinables à l'envi, tandis qu'on continue, de nos jours encore, à en inventer de nouvelles. Ainsi, Nasreddin, habitant d'un XIIIe siècle perso-ottoman, se retrouve aujourd'hui parfois plongé de force dans un environnement moderne, sans que cet anachronisme nuise à la portée de son message[2].

---

[1] La statue actuelle, en bakélite, inaugurée en septembre 2006, est aujourd'hui fortement abîmée. Il est question de la remplacer, en 2018, par une autre, plus petite, mais en bronze. Elle rejoindra la place de la Reine, en plein cœur du quartier turc.

[2] On peut citer en exemple la fois où Nasreddin, qui après de nombreuses candidatures parvient finalement à obtenir la nationalité britannique, sort en pleurant du consulat. À son ami qui lui demande pourquoi, alors qu'il devrait être heureux, il est si triste, il répond : « Nous avons perdu les Indes ! » Et à son ami toujours, qui lui fait remarquer que cela fait bien longtemps déjà, il rétorque : « Oui ! Mais avant je m'en fichais ! »

Et finalement, c'est de cette multitude que naît une biographie qui finit par s'imposer comme presque réelle. Comme les éléments d'une mosaïque, qui, individuellement, ne disent rien de l'œuvre qu'ils révéleront une fois mis bout à bout. À travers les innombrables situations et lieux où l'on plonge Nasreddin, au gré des différents métiers qu'il faut lui prêter pour multiplier les contextes, s'ébauche un parcours imaginaire qui se fond dans le peu de vérité tangible que l'on croit connaître. L'homme véritable et le mythe se confondent alors, sans que l'on sache qui, de l'un ou de l'autre, est le véritable héros de ces contes.

En ayant terminé la lecture de ses aventures, on en est persuadé : Nasreddin, à l'aube d'une vieillesse méritée, vit dans un misérable village, avec son âne et sa femme Khadija, entourés de ses voisins, tantôt complices, mais le plus souvent victimes. Il bat la campagne à dos d'âne (quand il ne l'a pas perdu !), se laisse aller aux délices d'un farniente mystique, attendant d'être consulté pour une sagesse reconnue dont il fait un usage bien particulier. À l'opposé, il peut se montrer le plus idiot des hommes pour avoir le dernier mot à tout prix. Sa jeunesse ? Il a été cadi, imam, marchand, mendiant, enseignant… Mille vies qui contribuent à rallonger un curriculum déjà étoffé.

Au fil des historiettes, l'homme prend de l'épaisseur, s'ancre dans une destinée qui acquiert une cohérence malgré la multiplication *a priori* désordonnée de situations parfois antagonistes. Mais n'est-ce pas le propre de toute vie d'offrir ses parts d'ombres et de lumières, de dévoiler des ruptures, de n'avoir de rectiligne que l'apparence ? Comment, dès lors, douter encore de l'existence d'un homme si ordinaire au premier abord. Sans les mots d'esprit qui font sa renommée aujourd'hui, il aurait sans doute vécu comme bon nombre de ses contemporains au destin anonyme.

Réel ou non, Nasreddin serait donc né sur un sol qui appartient désormais à la Turquie. Une Turquie qui en a fait un personnage emblématique de sa culture populaire. Ses histoires sont racontées aux enfants dès leur plus jeune âge, il possède de nombreuses statues à travers le pays, passe également à la télévision qui met en scène ses aventures dans des dessins animés...

Mais une telle notoriété ne peut que susciter la convoitise, et d'autres pays revendiquent aujourd'hui d'avoir vu naître le Hodja. L'Ouzbékistan, notamment, arguant des nombreuses histoires faisant de Nasreddin le bouffon de Timur Leng[3] à Samarcande. Il est toutefois peu probable que, même en ayant réellement existé, Nasreddin ait croisé à sa cour le terrible souverain mongol, qui atteignit au Kurdistan et en Anatolie les limites de son expansion territoriale, mais ne s'y installa jamais.

L'Irak fait de lui un contemporain d'Hâroun ar-Rachîd (765-809), le célèbre calife des Mille et une nuits. Il possède d'ailleurs une tombe à Koufa, dans le sud du pays, où il est vénéré comme un saint.

Les premières mentions écrites du personnage ne remontent pourtant qu'au XVe siècle. Dans le *Saltuknâme* (1480) de l'artiste mystique Ebu'l Hayr Rumi[4], il est décrit comme un derviche vivant à Akşehir. Plus tard, on retrouve des anecdotes le concernant dans le *Letâ'if* de l'auteur soufi Lâmiî Çelebi, dans lequel sont compilées des histoires humoristiques de la vie quotidienne. Mais on est déjà plus de deux siècles après sa mort présumée, et il est difficile de donner du crédit aux témoignages de voyageurs qui, au XVIIe siècle, rapportent avoir visité son

---

[3] Timur Leng, dit Timour le Boiteux, ou le Boiteux-de-fer (lenk ou leng signifiant « boiteux », et Timur, « fer »), devenu en Europe Tamerlan. Descendant de Gengis Khan, il vécut au XIVe siècle (1336-1405), soit bien après la mort présumée de Nasreddin. Jean-Louis MAUNOURY, qui publia plusieurs livres consacrés à Nasreddin, explique la présence de Tamerlan dans les contes, régulièrement moqué dans ses joutes avec Nasreddin, par la volonté de rendre plus supportable à la fière âme turque le terrible épisode de la conquête mongole.

[4] L'ouvrage raconte la vie de Saltuk Sarı, qui participa activement à l'islamisation de la Roumélie (les Balkans ottomans) en migrant, aux alentours de 1260, de l'Anatolie vers la région de Dobruja (actuelle Bulgarie et Roumanie). Écrit sur une durée de 7 ans, il contient de riches informations à propos du folklore, de la langue, de la littérature populaire et de l'histoire de l'époque. La vérité historique du héros est discutée, ainsi que ses faits d'armes ; certains le considèrent plus comme un saint qu'un guerrier.

tombeau ou ont entendu parler de lui. La « sacralisation » de Nasreddin Hodja a déjà eu lieu, et l'on raconte comme véridiques de nombreux faits sans qu'il soit prouvé quoi que ce soit à son sujet.

Mais il convient peu de s'attarder sur les origines, réelles ou imaginaires, de celui que l'on connaît sous autant de noms qu'il y a de pays à honorer sa mémoire. Car à partir de son Anatolie natale, la légende de Nasreddin se répandit rapidement dans toutes les provinces de l'Empire ottoman, puis au-delà, dans les contrées asiatiques de culture turco-mongole.

Nasreddin Hoca en Turquie, Mulla Nasrudin en Iran, Afandi ou Ependi en Chine et en Asie centrale... Jusqu'en Mongolie, on raconte désormais ses histoires. Même en Europe, où les Ottomans ont laissé des traces de leur passage (Albanie, Bosnie, Roumanie, Bulgarie, Macédoine, Grèce et même Pologne), notre vénérable vieillard a trouvé sa place. Et il n'est pas jusqu'au Maghreb qui ait échappé à la diffusion de ses fables.

Il faut dire que dans cette région du monde préexistait vraisemblablement un cousin de notre héros. Car si aujourd'hui on y raconte bien les mêmes contes le concernant, c'est sous le nom de Djeha (Joha) qu'il amuse les enfants du Maroc, de l'Algérie et de la Tunisie. Et il est fort probable que la tradition orale de cette région, pour les mêmes raisons qui ont permis l'essor de Nasreddin sur le plateau anatolien, ait vu émerger un personnage proche, que l'invasion ottomane fera fusionner avec le Hodja.

En Bulgarie et en Macédoine également, il se confond avec une autre figure du folklore local, Hitar Petar/Hitar Pejo (Pierre le Rusé). En Sicile, la tradition orale populaire, qui avait fait naître Giufà (ou Giucà), absorbera sans difficulté Nasreddin Hodja lors de l'occupation ottomane.

La situation en Iran est un peu plus compliquée. Mulla Nasreddin n'a réellement pris son essor dans la culture populaire qu'au début du XIXe siècle. Là encore, d'autres personnages l'ont précédé, dont le fameux Joha

(Juha) que l'on retrouve depuis le IXe siècle mentionné dans différentes anecdotes. Il y côtoie alors un autre plaisantin, Bohlul. Mais rapidement, les deux vont se différencier, Joha demeurant l'idiot qu'il a toujours été, tandis que Bohlul va acquérir une image plus pieuse et devenir une sorte de saint révéré pour sa sagesse. De plus, si Bohlul a toujours été considéré comme un pur produit de l'imaginaire perse, Joha, quant à lui, n'a jamais pu se faire une place dans l'intérêt national perse, demeurant un personnage de second intérêt. Au milieu de ces deux icônes, Nasreddin émerge au XIVe siècle, mais ne dominera jamais Joha jusqu'au tournant du XIXe siècle, à la faveur de la parution du premier livre en langue turque imprimé en Iran en 1837.

Quoi qu'il en soit, et quelle que soit la région du monde où il apparaît, Nasreddin bénéficie bien souvent d'un corpus de récits ou de blagues populaires non écrits qui seront repris à son avantage lorsque le caractère de ceux-ci s'accorde avec sa personnalité subversive.

Voilà pour le personnage. Qu'en est-il des histoires qui le mettent en scène ? Ces fameux contes, ou fables, comme on les retrouve communément nommés en français dans les « anthologies » qui les regroupent. Faute de mieux sans doute, puisque du conte, elles n'ont ni la structure, ni le style. Leur longueur varie certes énormément, mais lorsqu'elles deviennent longues, c'est plus souvent pour y intégrer un contexte que l'on enrichit à l'envi dans le but de ménager l'attente de l'effet final que pour développer une intrigue complexe.

Car les aventures de Nasreddin suivent toujours, à quelques exceptions près, le même schéma, et peuvent se raccourcir à quelques phrases sans que le ressort comique en pâtisse.

Une situation de départ, rapidement décrite, plonge très vite Nasreddin dans une confrontation problématique ; avec des hommes la plupart du temps, avec son âne parfois, mais avec lui-même également, quand il lui arrive d'être son propre dupe. Autour de cette confrontation se noue le nœud de l'intrigue, le plus souvent un antagonisme qui cristallise la tension, et dont on attend avec impatience la résolution. Une résolution qui nous est offerte par la courte réponse qu'y apporte Nasreddin, et qui bien souvent surprend le lecteur — ou l'auditeur — par son côté inattendu. Mot d'esprit, irrévérence lucide, violence verbale ou apparente absence de sens commun, notre facétieux gredin n'est pas avare d'imagination pour mettre fin au conflit de la plus surprenante des façons.

C'est de cette fin qui prend le lecteur au dépourvu que naît le comique si particulier qui fait des histoires de Nasreddin un plaisir rare. Car Nasreddin n'est pas Hodja[5] pour rien ! Là où le lecteur, à mesure qu'approche le dénouement, entrevoit une issue ordinaire, notre héros trouve une voie supérieure, une échappatoire qui défie la raison. Cette saillie finale prend tantôt les accents d'une sublime philosophie, tantôt ceux d'une bêtise abyssale.

D'abord désarçonné, le lecteur commence par se demander comment cela est possible. Difficile de cerner un tel personnage, qui tantôt semble n'avoir aucune once de raison, tantôt surpasse ses interlocuteurs en sagesse au-delà de toute raison. Celui que l'on qualifie souvent de « sage-fou » semble alors voué à ne jamais pouvoir réconcilier ses deux facettes. Le corpus de ses aventures serait donc dichotomique, avec d'un côté un Nasreddin sot, de l'autre un Hodja à l'esprit supérieur ? Et avec le temps, pour n'avoir pas su choisir ou donner deux avatars à chacune des deux parties, la tradition orale aurait accouché d'un monstre folklorique, un Docteur Hodja et Mister Nasreddin, aux personnalités inconciliables ?

Tout n'est pas si simple.

Car derrière cette fracture, on finit par comprendre que l'apparente et irréconciliable dualité dans la personnalité de Nasreddin n'est rien d'autre qu'une façade, destinée à nous tromper une fois de plus. Mais alors ? Est-ce par calcul que Nasreddin nous donne à voir tantôt l'une,

---

[5] Hodja : titre donné aux enseignants coraniques, ou plus généralement aux enseignants en Turquie. On peut le traduire par « maître ».

tantôt l'autre face, selon son humeur ou la situation ? Est-il un sage qui feint la folie pour s'épargner les foudres de ceux qu'il berne, où un idiot dépassé par la portée de ses absurdités ?

Encore une fois, ni l'un ni l'autre (bien au contraire, aurions-nous envie d'ajouter à sa façon). Certes, il est drôle à ses dépens lorsqu'il assume le rôle de l'imbécile qui défie bonhommement et sans malice la logique humaine ; il semble docte à l'excès lorsqu'à l'inverse il confronte volontairement son interlocuteur à sa propre inconséquence ou fait preuve d'un bon sens poussé à l'extrême.

Mais plus la lecture se poursuit, plus les contes s'enchaînent, et plus on comprend qu'il ne s'agit aucunement d'un jeu ou d'une volonté consciente de la part de Nasreddin de nous faire accroire l'un ou l'autre. Il est à la fois ce faux naïf et ce juge sévère qui renvoie à l'Homme ses propres contradictions. Ses brutales apories portent en elles le germe d'une réflexion que la basse raison ne peut se résoudre à admettre. Constamment sur le fil, le lecteur pris de court ne sait s'il doit pousser la compréhension du raisonnement ou abdiquer devant sa stupidité primaire. Et c'est de la difficulté à choisir que naît le sourire. Comme un renoncement libérateur, celui-ci permet de ne pas trancher, et de laisser persister le doute. On s'amuse aux dépens de la victime, mais sans jamais décider une bonne fois pour toutes s'il l'a mérité, tant la sentence nous semble au-delà de toute compréhension.

Une autre raison nous empêche de prendre parti. Car au moment où tombe le couperet final de la bouche de Nasreddin, on se sent à la fois le dupé, homme ordinaire qui vient de rencontrer plus fort que lui, et on aimerait être ce dernier, qui défie l'ordre du monde et les puissants sans risquer le châtiment. Or on sait ne pouvoir être le second dans ce monde régenté, sans se satisfaire d'être le premier, ce que l'on est plus souvent qu'à son tour.

Mais le lecteur restera lecteur, et Nasreddin, le Hodja. Malgré tous ses efforts, le premier ne parviendra jamais à se hisser au niveau du second. Lui seul continuera de planer dans les hauteurs de l'illogisme, sans jamais admettre aucun manque de rationalité.

Faire de la fusion du bon sens et de son contraire une ligne de conduite relève d'un exercice qu'en principe seuls les saints et les mystiques peuvent s'autoriser. Il faut être détaché du monde pour pouvoir à ce point s'exonérer de ses règles. Nasreddin serait-il l'un d'eux ?

On l'a vu, certains ont déjà tranché, qui en Irak le révèrent au même titre qu'un saint. Mais d'autres, sans aller aussi loin, considèrent néanmoins que ses contes peuvent être utilisés à fin d'enseignement. Pas seulement, comme on le fait avec les enfants à qui l'on raconte ses histoires, pour en tirer la « petite morale » en relevant le bon sens caché ; mais pour initier, à travers une maïeutique bassement terrienne (au sens de terre-à-terre), l'accès à une réflexion religieuse plus profonde.

Gurdjieff le qualifia, à travers la voix de Belzebuth, de « plus grand des professeurs »[6]. Non sans raison, puisque Gurdjieff, sur les chemins variés qu'il emprunta dans la recherche de sa *quatrième voie*, croisa celui des soufis. Plus particulièrement ceux de la tradition khorassienne, qui se répandra largement sur l'Irak et la Turquie à partir de son berceau des confins de l'Iran. Or, ce sont eux qui considèrent qu'il y a une élévation à rechercher dans la résolution et la méditation des *fikra* du Hodja.

Quoi de plus normal en somme. En arabe, *fikr* (فِكْر) c'est l'opinion, la pensée, l'idée. C'est sous le terme de *fikraları* que sont publiés les recueils des aventures de Nasreddin en Turquie. Et si celles-ci n'offrent aucun apophtegme sentencieux, elles sont néanmoins, pour certains adeptes du soufisme, une invitation à élargir leur champ de perception des réalités humaines pour se rapprocher de Dieu.

En proposant une vision qui n'est jamais la voie empruntée par l'esprit commun, les paroles de Nasreddin appellent à la remise en cause de notre façon de concevoir

---

[6] GURDJIEFF, Georges. *Récits de Belzébuth à son petit-fils*.

le monde, de notre système de pensée. Elles appellent à dépasser l'étroitesse d'esprit à laquelle l'éducation traditionnelle nous enchaîne par habitude, limitation soudainement dynamitée par une conclusion qui ébranle les fondations d'un savoir que l'on pensait tangible et immuable.

D'aucuns ont voulu voir en Nasreddin le pendant comique du célèbre auteur soufi Djalâl ad-Dîn Rûmî (1207-1273). Rapprochement favorisé par le fait qu'ils aient pu être contemporains, voire aient pu se rencontrer si l'on en croit certains écrits. Mais là où l'un recherche la vérité dans la mystique, la beauté des arts et de l'amour, le premier parle d'une voix compréhensible par tous, et explore une voie moins exaltée.

L'héritage du Hodja est donc revendiqué par une partie du soufisme, sans que son comique populaire ne vienne souffrir de cette récupération. Une nouvelle ambivalence à mettre à son crédit !

Certains ont même vu en Nasreddin un adepte de la *qalandariyya*, cette doctrine soufie qui conduit les plus extrêmes de ses pratiquants à volontairement adopter un comportement outrancier et contraire à la charîa[7] pour que leur salut ne souffre pas d'un excès de vénération... Un raccourci opportuniste, mais qui explique à sa façon la persévérance quasi maladive avec laquelle notre héros continue de braver le monde et de s'y opposer. Nasreddin serait donc un *qalandar* qui s'ignore[8] ! Ce serait toutefois lui prêter à nouveau une volonté à se conduire comme il le fait. Ce qui, nous l'avons vu, n'est nullement le cas.

Mais alors, qui est donc Nasreddin ? Il faut croire que la réponse est finalement la plus évidente : quelqu'un qui ne s'embarrasse pas de morale, qui n'a du bien et du mal

---

[7] Le *qalandar* boit, fume du haschich ou de l'opium, a des relations sexuelles contre nature... La *malamatiyya*, autre courant soufi avec lequel la *qalandariyya* est fréquemment confondue, prône une approche similaire, mais en se dissimulant parmi la population pour ne pas risquer la vindicte populaire.

[8] La sélection des contes de ce recueil occulte volontairement ceux à caractère sexuel ou scatologique. Mais il faut garder en mémoire que l'outrance de Nasreddin le pousse jusqu'à ces extrémités...

qu'une notion abstraite, lui qui a transcendé l'âme humaine pour s'élever au-dessus des hommes. Un vieillard qui a traversé la vie comme elle se présentait, sans jamais chercher à atteindre d'autres buts que ceux que l'opportunisme lui a présentés. Il va là où le vent le porte, n'a pas de destinée propre, et ne s'étonne jamais de constater qu'il est différent de ses voisins. Car Nasreddin n'est pas différent : ce sont les autres qui ne le suivent pas ! Tout au plus le remarque-t-il lors de ses conflits avec l'extérieur, mais il l'oublie aussi vite qu'il a été prompt à le souligner.

Finalement, c'est peut-être cela la véritable sagesse : ne pas s'embarrasser du monde et de ses règles tout en y gardant sa place. Encore fallait-il, pour le faire comprendre et le transmettre de manière efficace, un maître à la hauteur de Nasreddin, dont l'enseignement est accessible à tous.

Wilfrid Schueller

Rueil-Malmaison, juin 2018

Statue de Nasreddin Hodja à Schaerbeek (Bruxelles)

Contes

de

Nasreddin Hodja

L'ancien tombeau de Nasreddin à Akşehir, avant la construction du nouveau cénotaphe en 1905-1906.

1. ÉQUITÉ CONJUGALE.

Nasreddin Hodja avait deux femmes. Il donna, séparément, et dans le plus grand secret, une perle bleue à chacune, en leur recommandant de n'en rien dire à l'autre.

Un jour pourtant, poussées par la jalousie et alors qu'elles se querellaient à ce propos, elles lui demandèrent laquelle d'entre elles était sa préférée. Alors Hodja répondit en quittant la pièce :

– Ma préférée ? C'est celle qui possède la perle bleue.

2. UNE QUESTION D'ÉQUILIBRE.

Le monde ne manque pas de curieux. L'un d'eux, croisant Nasreddin Hodja sur la place du marché où il prenait le soleil allongé sur des sacs de grains, lui posa un jour cette question :

– Toi qui es la sagesse même, pourrais-tu me dire pourquoi, dès que le soleil pointe à l'horizon, les hommes sortent de leur maison, vont de-ci, de-là, qui à droite, qui à gauche ?

– C'est pourtant simple à comprendre, répondit Nasreddin : s'ils allaient tous du même côté, la terre perdrait son équilibre !

3. UN AMI PERSPICACE

Heureux de la naissance de son premier enfant, le célèbre Nasreddin parcourait les rues, débordant de bonheur. En croisant un vieil ami devant la mosquée, il ne put s'empêcher de partager sa joie :

– Félicite-moi, mon ami, s'exclama Nasreddin Hodja. Je suis père.
– Félicitations, lui dit celui-ci. Est-ce une fille ou un garçon ?
– Oui, répondit Nasreddin. Mais comment le sais-tu ?

4. LA LETTRE POUR BAGDAD

Un ami dans le besoin s'adresse à Nasreddin Hodja :
– Rends-moi un service, tu veux. Tu es cultivé, spirituel. Il me faut écrire à un ami à Bagdad. Peux-tu écrire cette lettre pour moi ?
– C'est impossible, je n'ai pas le temps d'aller à Bagdad en ce moment.
– Mais il n'est pas nécessaire d'aller à Bagdad. Il te suffit de la rédiger. Je ne vois pas le rapport.
– Il y en a un. Moi seul peux lire mon écriture, et je n'ai pas du tout l'intention d'aller à Bagdad pour déchiffrer ma lettre à ton ami.

5. CEUX QUI SAVENT...

Invité par l'imam à faire profiter les habitants de sa sagesse, Nasreddin se présenta en chaire devant la foule.
– Fidèles, savez-vous de quoi je vais vous parler ?
– Nous ne le savons pas.
– Bande d'ignorants ! Vous ignorez de quoi je vais vous parler dans ce lieu dédié à la prière ? Il est donc inutile que je vous en parle.
Et Nasreddin partit.
Appelé par l'imam à renouveler son sermon, il leur posa la même question :
– Savez-vous de quoi je vais vous parler ?
Voulant à tout prix éviter la déconvenue de la fois précédente, les habitants répondirent en cœur :

– Oui, nous le savons.
– Puisque vous le savez, il est donc inutile que je le répète.

Et il s'en alla.

La troisième fois, s'étant mûrement concertés pour fournir une réponse judicieuse, les habitants attendirent Nasreddin avec confiance. Ainsi, à la question :

– Savez-vous de quoi je vais vous parler ?

L'assemblée d'une seule voix répondit :

– Certains le savent, d'autres ne le savent pas.

– Alors que ceux qui savent instruisent ceux qui ne le savent pas.

Et il rentra chez lui, furieux du peu de bon sens de ses concitoyens.

6. AU POSTE DE POLICE

On a volé l'âne de Nasreddin. Ce dernier court au poste de police pour s'empresser de déclarer le vol.

Le chef, après l'avoir écouté, reconnaît qu'il s'agit là d'un fait grave et ajoute :

– Bien ! Maintenant, dis-moi comment cela s'est passé.

Médusé qu'on puisse à ce point le prendre pour un demeuré, Nasreddin répond :

– Si je savais comment cela s'est passé, je ne serais certainement pas venu te trouver !

7. LA BARBE

Absent depuis quelque temps, Nasreddin revient en ville affublé d'une longue barbe non taillée.

Mais plus les jours passent, et plus son entourage l'entend se plaindre de cette pilosité généreuse. N'y com-

prenant plus rien, ils lui demandent pourquoi il la garde si elle le gêne tant.
– Il est vrai que je déteste cette foutue barbe ! leur dit-il. Mais voyez-vous, ma femme aussi !

8.   LE PAYSAN OU LE ROI ?

Un jour qu'il était convoqué par son souverain, ce dernier demanda à Nasreddin :
– Qui est le plus puissant ? Le roi ou le paysan ?
Sans même hésiter, Nasreddin répondit :
– Le paysan.
Piqué au vif, le souverain lui demanda pourquoi.
– Je ne connais aucun paysan qui mourrait sans un roi. Par contre, si le paysan n'existait pas, le roi mourrait de faim.

9.   LE PANIER DE PÊCHE

Nasreddin Hodja, parti à la pêche au bord du lac, a déjà rempli la moitié d'un panier de poissons.

Heureux de ce résultat rapide et inespéré, il décide de s'allonger pour une sieste.

Mais les enfants du village, pour le faire tourner en bourrique, s'approchent doucement et emportent le panier.

À son réveil, furieux, Nasreddin se tourne vers le lac, et lui dit :
– Écoute, mon ami ! Tu me reprends les poissons que je t'ai volés, et je ne t'en veux pas. Mais le panier est à moi !

10. UNE BONNE QUESTION

Agacé de toujours voir Nasreddin éluder leurs questions ou s'en remettre à des détours pour éviter d'y répondre clairement, un de ses amis vint le trouver et lui dit :
– Comment se fait-il que tu répondes toujours à une question par une autre question ?
Surpris de ce reproche déguisé, Nasreddin répondit :
– Je fais cela, moi ?

11. LE DERNIER MOT

Agacé que l'on colporte partout que sa femme a constamment le dessus sur lui, Nasreddin explique à un ami qu'il est le véritable patron du ménage.
– J'obtiens toujours le dernier mot, dit-il.
Mais voyons, Nasreddin, tout le monde sait que ce n'est pas vrai.
– Bien sûr que si ! Dès qu'elle me dit de faire quelque chose, moi je réponds : « D'accord ».

12. DEVINETTE DÉLOYALE

Deux enfants décidèrent de jouer un tour à Nasreddin. Tenant un petit oiseau dans le creux de leurs mains, ils lui demandèrent s'il est vivant ou mort.
Ils l'avertirent que s'il répondait qu'il était vivant alors ils l'écraseraient pour lui donner tort. S'il répondait qu'il était mort, ils consentiraient à le laisser s'envoler.
Après un moment de réflexion, le Hodja leur répondit :
– Ah ! Mes jeunes amis, la réponse est entre vos mains.

13. LA MOUSTACHE

Chez le coiffeur, un ami demanda à Nasreddin Hodja :
– Pourquoi ta moustache reste-t-elle noire alors que tes cheveux sont déjà blancs ?
– Il n'y a rien d'étonnant à cela. Mes cheveux ont vingt-cinq ans de plus que ma moustache !

14. LA BESACE PERDUE

Un jour, Nasreddin Hodja égara sa besace dans un village où il était l'hôte des habitants. Il commença à crier à tue-tête.
– Si vous ne me la retrouvez pas tout de suite, je sais ce qu'il me restera à faire !
Apeurés, tous cherchèrent avec le plus grand soin. Finalement, on retrouva la besace.
Alors que le Hodja allait quitter le village, un de ceux venus le saluer lui demanda, intrigué :
– Si par malheur la besace n'avait pas été retrouvée, qu'aurais-tu fait ?
– Ce que j'aurais fait ? J'ai chez moi un vieux tapis. Je l'aurais découpé pour m'en faire une nouvelle besace.

15. LA RAGE DE DENTS

Espérant trouver bon conseil auprès du sage Nasreddin Hodja, un homme lui demanda :
– J'ai mal à un œil, que dois-je faire ?
– Écoute, lui dit calmement Nasreddin. Une fois, j'avais mal à une dent. Une douleur insupportable, et j'ai bien cru que cela ne cesserait jamais. J'avais beau mâcher du girofle, mettre de la glace, impossible d'avoir le moindre répit. Jour et nuit, sans cesse, c'était comme si

cette douleur voulait me rendre fou et ne jamais s'arrêter de me...

D'impatience, l'homme l'interrompit :
– Mais qu'as-tu fait ?
– Je l'ai fait retirer et ça m'est passé.

16. CHEMISE ET PANTALON

Nasreddin entre dans une boutique de tissu pour acheter un pantalon neuf. L'ayant essayé, mais ne le trouvant pas à son goût, il demande à pouvoir l'échanger contre une chemise.

Convaincu après ce nouvel essayage, Nasreddin est sur le point de partir, mais aussitôt rattrapé par le marchand qui lui fait remarquer qu'il n'a pas payé la chemise.
– C'est normal, répond Nasreddin, puisque je l'ai échangée contre le pantalon !
– Mais le pantalon, tu ne l'as pas payé non plus !
– Et pourquoi voudrais-tu que je paie un pantalon que je n'ai pas pris ?

17. LA PROCESSION

Au cours d'une procession qu'il menait à travers la ville, Nasreddin Hodja avait enfourché son âne à l'envers. Aux fidèles qui le suivaient et lui en demandèrent la raison, il répondit :.
– Je ne pouvais malheureusement pas faire autrement. Si je monte normalement, je vous tourne le dos, et cela ne se fait pas. Si vous marchez devant moi, c'est vous qui me tournez le dos, et c'est incorrect. Voilà pourquoi j'ai choisi de me tenir ainsi : je suis toujours devant, mais sans vous tourner le dos.

18. LA DJELLABA

À l'époque où Nasreddin était tailleur, un homme entra dans sa boutique, et lui dit :
– Il me faudrait une djellaba ! Mais il faut qu'elle ne soit ni blanche, ni noire, ni bleue, ni verte, ni jaune, ni...
– D'accord ! D'accord ! le coupa Nasreddin. J'ai compris.
Satisfait, le client demande :
– Et quand puis-je venir la chercher ?
– Quand tu veux ! Mais ni lundi, ni mardi, ni mercredi, ni jeudi, ni...
Comprenant qu'on se moquait de lui, l'homme sortit furieux de la boutique.

19. IDIOT OU ESCROC

Nasreddin se promenait entre le vizir et le juge dans les jardins du palais. Ceux-ci, intrigués par la personnalité ambiguë de cet énergumène, n'ont jamais vraiment su à quoi s'en tenir le concernant.
– Dis-nous, Nasreddin ! Une bonne fois pour toutes, es-tu un escroc ou un véritable idiot ?
Celui-ci, jetant un œil à sa droite puis à sa gauche, répondit :
– Comme vous, j'avoue ne pas savoir réellement, mais je dirai qu'en ce moment je suis entre les deux...

20. LES SANDALES

Nasreddin Hodja avait deux paires de sandales. Une neuve, solide et résistante, et une vieille, usée par les ans. Un jour qu'il partait labourer son champ, une épine transperça sa sandale. Il la retira avec difficulté et regardant sa semelle trouée, murmura :

– Heureusement qu'aujourd'hui j'ai mis mes vieilles sandales et non les neuves !

21. ABOIEMENTS INTEMPESTIFS

Excédé d'entendre chaque nuit le chien de Nasreddin Hodja aboyer à n'en plus finir, empêchant tout le monde de dormir, un voisin se décida à venir lui parler.
– Ne peux-tu rien faire ? Nous souhaitons tous nous reposer, mais avec ton chien, c'est impossible.
– Je comprends, compatit Nasreddin, mais moi aussi j'ai besoin de dormir. Et tu ne veux quand même pas que je reste debout toute la nuit, à aboyer à la place de mon chien ?

22. LE PRIX DE L'OMELETTE

Nasreddin, du temps où il était aubergiste à la campagne, vit arriver un jour une troupe de chasseurs à cheval. C'était un grand seigneur et sa suite venus faire étape le temps d'un repas.
– Holà, aubergiste ! Une collation ! Nous avons l'estomac vide.
Nasreddin leur prépare une omelette qu'ils mangent avec appétit.
– Combien te dois-je ? demande le seigneur au moment de repartir.
– Trente akçe, Excellence.
– Par Dieu ! Trente akçe pour une omelette ! Les œufs sont donc bien rares par ici.
– Non, Excellence, ce ne sont pas les œufs qui sont rares par ici, ce sont les gens riches.

23. LE FARDEAU DE L'ÂNE

Nasreddin Hodja allait au marché pour vendre les produits de son jardin. Il monta sur son âne et prit le sac de légumes sur ses épaules. En voyant ce curieux équipage descendre la rue, un ami lui demanda :
– Pourquoi portes-tu ce sac sur tes épaules ?
– Pour qui me prends-tu ? L'âne me porte déjà, tu ne voudrais pas qu'il porte aussi le sac ! !

24. L'IMBÉCILE

Nasreddin Hodja portait une caisse remplie d'objets en verre. Soudain, il trébucha et la caisse tomba à terre. Tout était là, cassé, au milieu de la chaussée. Attirés par le bruit, les badauds accoururent pour se moquer de sa déconvenue. Haussant les épaules devant un tel amusement, Nasreddin s'écria :
– Que regardez-vous ainsi ? C'est donc la première fois que vous voyez un imbécile ?

25. UN CONSEIL D'AMI

Venus l'interroger dans l'espoir de trouver des réponses à leurs questions, des hommes se présentent devant Nasreddin.
– Quelle est la chose la plus précieuse au monde ? lui demandent-ils.
– C'est facile ! Un conseil d'ami n'a pas de prix, répond Nasreddin.
– Et la chose qui a le moins de valeur ?
– C'est aussi un conseil d'ami, répond-il à nouveau.
Devant l'étonnement de la troupe, il s'empresse d'ajouter :

– Le conseil d'un ami peut s'avérer sans prix s'il est suivi. Par contre, il est sans valeur si on n'en tient pas compte.

26. LE NOM DE TA FEMME ?

Lassé de l'humeur acariâtre de sa femme qui lui rendait la vie impossible, Nasreddin Hodja alla trouver le cadi[9] pour divorcer. Ce dernier lui demanda le nom de celle-ci.
– Je n'en ai aucune idée, répondit Hodja.
– Depuis combien d'années êtes-vous mariés ?
– Depuis plus de vingt ans.
Au comble de l'étonnement, le cadi ne put s'empêcher de l'interroger :
– Comment se fait-il que tu ignores le nom de ta femme après tout ce temps ?
– Vois-tu, l'ami, je n'ai jamais pensé que le mariage durerait, aussi je n'ai pas fait l'effort d'apprendre le nom de la jeune mariée.

27. LA LUNE OU LE SOLEIL ?

Pour le faire tourner en bourrique, les habitants d'Akşehir n'aimaient rien moins qu'embarrasser Nasreddin Hodja avec des questions impossibles à résoudre. Un jour, l'un d'eux vint le trouver accompagné de curieux et lui demande :
– Nasreddin, toi qui es versé dans les sciences et les mystères, dis-nous quel est le plus utile du soleil ou de la lune.

---

[9] Magistrat musulman remplissant des fonctions civiles, judiciaires et religieuses, notamment pour le règlement des affaires entre particuliers.

Nullement embarrassé, Nasreddin ne fut pas long à répondre à cette évidence.
– La lune, sans aucun doute ! Elle éclaire quand il fait nuit, alors que ce stupide soleil luit quand il fait déjà jour.

28. SOLIDARITÉ

Alors qu'il se lamentait sans fin de la perte de son âne, Nasreddin fut arrêté par un villageois irrité, qui lui reprocha :
– Est-il bien juste que tu manifestes autant de peine pour ton âne, alors que tu n'as pas montré la moindre tristesse lorsque ta femme est morte l'an dernier ?
Levant un œil larmoyant vers l'importun venu le sermonner, il lui répondit :
– Te souviens-tu que lorsque j'ai perdu ma femme, tout le monde s'est proposé pour m'en trouver une autre ? Alors qu'aujourd'hui, personne n'a offert de remplacer mon âne...

29. MUSICIENS CAMBRIOLEURS

Un soir, Nasreddin Hodja et son fils rentraient chez eux par les petites ruelles du quartier marchand. Voyant des voleurs qui tentaient de fracturer une porte, le fils demanda :
– Papa, que font-ils ?
– Ils jouent de la musique.
– Mais on n'entend rien ! s'étonna son fils.
– Si, mon fils, mais c'est une musique spéciale. Nous ne l'entendrons que demain matin à l'aube.

30. VENDEUR DE LÉGUMES

À court d'argent, Nasreddin Hodja se résolut à vendre des légumes. Il chargea deux grands paniers sur son âne et commença à parcourir les rues. Mais à peine criait-il « Légumes ! », que l'âne se mettait à braire et couvrait sa voix.

Une fois, deux fois. Au bout de la troisième, Nasreddin en eut assez. Il descendit de l'âne et rentra chez lui.

À un passant qui lui demandait pourquoi il rentrait sans son animal, il rétorqua :

– L'un de nous est de trop pour vendre ces légumes. S'il souhaite le faire sans mon aide, qu'il se débrouille !

31. ÉTERNEL INSATISFAIT

Nasreddin Hodja se plaignait de la chaleur étouffante à un ami :

– Quelle chaleur ! Je n'en peux plus !

– Hodja, tu es un éternel insatisfait. En été, tu te plains de la chaleur, en hiver, tu te plains du froid. Sois un peu cohérent !

Alors Nasreddin, piqué par la remarque:

– M'as-tu jamais entendu me plaindre du printemps ?

32. LE BAIN DE MER

Désireux de ne pas enfreindre une règle qu'il pourrait ignorer, un homme demanda à Nasreddin :

– Hodja ! De quel côté dois-je me tourner lorsque je prends un bain dans la mer ?

Et Nasreddin de répondre :

– Du côté où tu as posé tes vêtements... si tu veux les retrouver !

33. UN DRÔLE D'AMI

À un ami qui vient lui demander de lui prêter de l'argent, Nasreddin fort embarrassé, répond :
– Écoute ! Tu sais bien que je n'ai pas d'argent ; mais je peux te faire crédit, si tu veux…

34. LE MIROIR

Cheminant vers la ville, Nasreddin aperçut un miroir par terre. Il s'en saisit, et approcha son visage :
– Pouah ! Que tu es laid ! Pas étonnant que les gens se soient débarrassés de toi.

35. MONTER DANS L'ARBRE

Le jeune Nasreddin venait de parier avec ses camarades qu'il réussirait à monter en haut d'un fort grand arbre.
Après avoir empoché l'argent, il leva la tête vers les branches, et dit :
– Apportez-moi une échelle.
– Pas question ! protestèrent vivement les autres.
– Il n'a jamais été convenu que je monterais sans échelle.

36. BERCER BÉBÉ

Une nuit, Nasreddin fut réveillé par sa femme, excédée d'entendre à nouveau pleurer leur bébé tandis que son père dormait si profondément.
– Nasreddin, lui dit-elle. Va bercer le bébé ! Car s'il est mien à moitié, l'autre moitié est tienne.

Nasreddin, à demi somnolent, lui rép
– Dans ce cas, va bercer la moitié c
laisse pleurer celle qui me revient.

37. PERDRE LA TÊTE

Parti chasser le loup avec un ami, Nasreddin se retrouve à le traquer jusqu'à sa tanière, un étroit trou creusé dans le sol.
Après avoir attendu plus que de raison que celui-ci ressorte, et voyant la nuit tomber, l'ami décide de se glisser dans le boyau, la tête la première.
Au bout d'un certain temps, ne le voyant ni faire demi-tour, ni bouger, Nasreddin se saisit de ses talons et le tire en arrière. Il retire le corps sans tête de son ami.
L'ayant déposé au sol, il s'en va trouver la femme de ce dernier et lui demande :
– Dis donc, femme, ton mari avait-il sa tête ce matin lorsqu'il est parti de la maison ?

38. DÉSIGNER LE COUPABLE

L'âne de Nasreddin a encore une fois été volé. Ses amis, desquels il espérait au moins entendre des paroles de réconfort, dans cette situation difficile, s'exprimèrent ainsi :
– Tu aurais dû fermer la porte de l'écurie.
– Comment se fait-il que tu n'aies entendu aucun bruit, ne serait-ce qu'un petit craquement ?
– Tu n'as probablement pas bien attaché l'âne.
Nasreddin les écouta pendant des heures, mais lassé, finit par leur dire :
– Assez, assez ! Vous semblez tous m'accuser en rejetant sur moi la responsabilité de ce vol. Le voleur serait-il à ce point innocent qu'il faille faire de moi le coupable ?

L'ÂGE DE TON FRÈRE

Un jour, apprenant que Nasreddin avait un frère, quelqu'un vint à lui demander :
– Qui est le plus âgé de vous deux ?
– À la vérité, répondit Nasreddin, je me souviens qu'à mon dernier anniversaire ma mère disait que mon frère avait un an de plus. Mais cette année, un an après, nous avons désormais le même âge.

40. L'ÂNE PERDU

Un jour, l'âne de Nasreddin Hodja se perdit dans un bois. Son maître, ne l'ayant trouvé nulle part, s'en allait dans les rues en levant les mains vers le ciel.
– Merci, mon Dieu !
Un paysan, surpris de cette attitude étrange, lui demanda :
– Tu as perdu ton âne et tu remercies Dieu ! Pourquoi ?
– Réfléchis ! Si j'avais été sur mon âne, à cette heure-ci je serais aussi perdu que lui ! C'est pour cela que je remercie Dieu.

41. PERTE DE RAISON

Un jour, embarrassé de constater que la femme la plus âgée de Nasreddin faisait tout de travers, un ami lui dit :
– Ta femme a perdu la raison.
Songeur, Nasreddin dit simplement « C'est embêtant ! » et resta songeur un long moment.
Au bout d'un certain temps, son ami lui demande :
– À quoi penses-tu ainsi ?
– Vois-tu, ma femme n'a jamais eu de raison. Aussi, je me demande ce qu'elle a bien pu perdre.

42. UN ÂNE TALENTUEUX

Nasreddin Hodja descendait de la montagne avec son âne. L'animal tomba dans le précipice. Un ami, le voyant revenir sans l'animal, lui demande :
– Où est passé ton âne, Nasreddin ?
– Il s'est envolé dans un précipice.
– Comment est-ce possible ? Ton âne sait voler ?
Furieux que l'on doute ainsi des talents de son âne, Nasreddin répond :
– Bien sûr qu'il sait ! C'est atterrir qu'il ne sait pas faire.

43. UN DÉPART SOUDAIN

Un jour, Nasreddin Hodja monta en toute hâte sur son âne et se mit en chemin pour un village inconnu.
S'inquiétant de ce départ soudain, ses amis lui demandèrent :
– Où vas-tu ainsi si promptement ?
Déplorant une fois encore cette curiosité qui le poussait à s'expliquer, il lâcha :
– Je vais à la prière du vendredi.
– Mais nous ne sommes que mardi !
– C'est exact, mais avec cet animal, je ne sais pas si j'arriverai à temps pour la prière du vendredi !

44. L'ÉCHANGE

En voyage, Nasreddin s'arrêta le long d'un ruisseau pour faire sa prière. Ayant quitté ses souliers pour faire ses ablutions, il découvrit après ce court cérémonial qu'une de ses chaussures, posée trop près du bord, avait disparu, emportée par le courant.
Furieux, il cracha dans le torrent plusieurs fois, et dit :

— Ruisseau, je t'ai rendu l'eau prélevée pour mes ablutions. Maintenant, rends-moi ma chaussure !

45. UN LIT BIEN REMPLI

Nasreddin Hodja avait épousé une veuve qui ne cessait de vanter les mérites de son premier mari. Agacé, il commença lui aussi à vanter ceux de sa première femme, espérant que cela freinerait ce rappel constant. Mais rien n'y fit. Alors, une nuit, Nasreddin, à bout de nerfs, la poussa et la fit tomber hors du lit.
— Pourquoi agis-tu ainsi ? se plaignit-elle.
— Écoute. Toi, moi, ton premier mari, ma première femme, cela fait quatre personnes dans ce lit. Il ne faut pas s'étonner que l'un de nous finisse par en tomber !

46. UN TRAVAIL ARDU

Affairé depuis des heures sous le soleil, Nasreddin Hodja creusait un trou dans son jardin.
Curieux d'en connaître la finalité, son voisin lui demanda :
— Que fais-tu avec tant d'ardeur ?
— Je creuse un trou pour y mettre les pierres qui sont le long de la route.
— Et quand tu auras rempli ton trou de pierres, que feras-tu de la terre que tu as retirée ?
— Je creuserai un autre trou pour l'y enterrer...
Surpris par la réponse, le voisin lui demanda :
— Mais que feras-tu de la terre que tu sortiras de ce second trou ?
Nasreddin, agacé, répondit :
— Écoute, j'ai du travail, et pas le temps de t'expliquer mon plan dans tous les détails !

47. FAIM NOCTURNE

Une nuit, tenaillé par la pensée du halva préparé par sa femme pour le lendemain, Nasreddin se réveilla brusquement et appela cette dernière :
– Femme, apporte-moi vite le halva que tu as fait hier soir.
De mauvaise grâce, celle-ci obéit. Mais quand il eut terminé le gâteau, elle lui dit :
– Ce n'était pas la peine de te réveiller pour le manger, tu l'aurais eu demain matin. Il était dans la cuisine, et personne n'allait y toucher...
Et lui :
– Il n'était pas dans la cuisine comme le crois ! Il était dans ma tête, et j'ai pensé qu'il serait bien mieux dans mon estomac.

48. VIGUEUR ET JEUNESSE

Constatant que nul n'avait jamais vu d'homme devenir père à un âge centenaire, quelqu'un se résolut à interroger Nasreddin Hodja sur ce mystère de la nature :
– Est-ce qu'un homme âgé de cent ans peut encore avoir des enfants ?
– Oui, s'il a des voisines âgées de vingt-cinq ou trente ans.

49. UNE FEMME REMUANTE

Las de voir sa femme constamment venir chez eux pour un oui ou pour un non, ses amis dirent à Nasreddin Hodja :
– Ta femme a pris l'habitude d'aller de maison en maison. Dis-lui de rester un peu chez elle, veux-tu !

– Je veux bien le lui dire, consentit Nasreddin. Dites-moi où je peux la trouver.

50. ET LA LUMIÈRE FUT…

Un homme trouve Nasreddin Hodja, en pleine nuit, à quatre pattes, cherchant quelque chose dans le halo de lumière d'un lampadaire.
– As-tu égaré quelque chose ? lui demande-t-il.
– Oui, j'ai perdu mes clés, répond Nasreddin.
– Et où les as-tu laissées tomber ?
– Là-bas, dit Nasreddin, en désignant un porche obscur.
– Mais alors pourquoi les cherches-tu ici, si tu les as perdues ailleurs ? C'est stupide !
– Pas tant que ça ! répond Nasreddin. J'ai bien plus de chances de les retrouver là où j'y vois clair !

51. C'EST LE MÊME GOÛT !

Deux enfants, apercevant Nasreddin qui revient avec son âne de sa vigne en portant deux lourds paniers de grappes juteuses, l'arrêtent :
– Nasreddin ! Tu nous donnes de ces délicieux raisins ?
S'exécutant à regret, celui-ci arrache quelques grains, les coupe en morceaux, et en donne un à chacun des enfants.
– N'as-tu pas honte, Hodja ? Avec tout ce que tu as, tu ne nous donnes que si peu ! se plaignent les enfants.
– Que vous ayez un panier plein ou un petit morceau importe peu : le goût est le même !

52. LE PRIX DES CHOSES

Amusé de pouvoir enfin se confronter au célèbre Nasreddin, un riche marchand vint le trouver alors qu'il somnolait paisiblement à l'ombre d'un arbre.
– Si j'étais un esclave, quel serait mon prix ?
– Deux cents akçe, dit Hodja en levant à peine un œil.
– Comment ? fit le marchand, vexé de cette estimation. La gandoura que je porte vaut à elle seule deux cents akçe !
– Ce que j'ai estimé, c'est le prix de la gandoura. Celui qui la porte n'a pour moi aucune valeur.

53. FONTAINE INDIGNE

Par une chaude journée d'été, Nasreddin Hodja se rendait à un village voisin.
Assoiffé, il s'arrêta à une fontaine au bord de la route, mais le robinet était bouché avec un morceau de bois qui bloquait l'écoulement de l'eau.
Quand il le retira, celle-ci, retenue depuis bien longtemps, l'aspergea de la tête aux pieds d'un puissant jet.
Très en colère, il s'adressa à la fontaine :
– Je comprends à présent pourquoi ils t'ont bouchée. Si tu avais été gentille, ils ne t'auraient rien fait. Ils avaient raison.

54. LA FUITE DU TEMPS

Au milieu d'un pré, Nasreddin Hodja voulut monter un cheval assez nerveux. N'y parvenant pas, il secoua la tête, et déclara devant ceux qui furent témoins de la scène :
– Ah ! Que je regrette ma jeunesse ! Je deviens vieux.

Puis il quitta à pied le pré, regarda autour de lui, et constatant qu'il était seul désormais, marmonna :
– Même jeune, je ne valais rien. Mais je ne pouvais le dire devant tout ce monde...

55. FILS DE GÉNIE

Le fils de Nasreddin Hodja lui dit un jour :
– Père, je me souviens du jour de ta naissance !
À ces mots impies, sa mère s'indigna et gronda l'enfant pour oser mentir à ce point.
Hodja intervint alors, et la raisonna :
– Femme, laisse-le dire. Qui sommes-nous pour le contredire ? Moi j'étais trop jeune, et toi tu n'étais pas présente.

56. LA NÉGOCIATION

Nasreddin Hodja rêvait qu'on lui mettait dans la main un sac de quatre-vingt-dix-neuf pièces de monnaie. Content, il se permit tout de même de protester :
– J'en voudrais cent !
Sur ces paroles, il s'éveilla. Voyant qu'il n'avait rien dans la main, il regretta sa protestation, ferma les yeux pour continuer son rêve et supplia :
– Ça va, ça va, je me contenterai de quatre-vingt-dix-neuf.

57. LE CERCUEIL

Dans le village, lors de funérailles, les hommes devaient porter le cercueil jusqu'à la mosquée, puis au cimetière.

Inquiet de commettre un impair et de s'attirer le mauvais œil, quelqu'un qui devait participer demanda à Nasreddin Hodja :

– Pendant la procession, de quel côté du cercueil faut-il mieux se placer ?

– N'importe où, répondit Nasreddin en souriant, pourvu que ce ne soit pas dedans.

58. DÉSORIENTÉ

Une nuit, la femme de Nasreddin Hodja le réveilla et lui demanda :

– S'il te plaît, donne-moi le chandelier qui est à ta gauche.

Agacé d'être dérangé alors qu'il cherchait le sommeil, il répondit :

– Comment veux-tu que je puisse distinguer ma main droite de ma main gauche dans cette obscurité ?

59. LA BAIGNADE

Nasreddin Hodja traversait la forêt, quand il aperçut un lac et décida de s'y baigner. Il attacha son âne à un arbre et se débarrassa de ses vêtements. Puis il s'enfonça dans les fourrés pour se tremper dans l'eau. Un voleur survint alors, qui lui déroba ses vêtements.

À son retour, Nasreddin chercha en vain ses effets. Et ne les trouvant pas, il prit la selle de l'âne et cria à l'animal :

– Espèce d'idiot ! Tu étais là, et tu n'as rien fait ? Retrouve mes vêtements et je te rendrai ta selle.

60. L'ÂNE DEVENU CADI

L'âne de Nasreddin Hodja s'était encore perdu. Les jours passaient, et on ne le retrouvait pas. Les habitants du pays riaient de cette mésaventure. Pour se moquer du pauvre Nasreddin, un plaisantin lui lança :
– Es-tu au courant ? Ton âne est cadi à Bostanci.
Sans s'émouvoir outre mesure, Hodja répliqua :
– Cela ne m'étonne pas. Il était le seul attentif quand je vous enseignais, dressant ses oreilles. On pouvait déjà comprendre que lui réussirait dans la vie.

61. LA GRANDE JOIE

Nasreddin a de nouveau perdu son âne ! Il se précipite sur la place du marché, et lance à la cantonade :
– Celui qui retrouvera mon âne, je le lui cède, ainsi que la selle !
Surpris de cette annonce pour le moins étonnante, quelqu'un lui demande :
– Si tu es prêt à céder ton âne pour rien une fois que tu l'auras retrouver, pourquoi même le chercher ?
– C'est que, vois-tu, répond le Hodja, tu ne sais pas combien est grande la joie de retrouver quelque chose que l'on croyait perdu !

62. LE TAPIS

Ulcéré que Nasreddin continue de se conduire aussi sottement avec les habitants du village, le juge le convoqua.
Assis face au cadi, à l'autre bout d'un tapis, Nasreddin regardait le plafond.

– Franchement, Nasreddin ! Ton comportement n'est plus tolérable ! Dis-moi ce qui te sépare d'un vrai imbécile ?
– Oooh... dit Nasreddin en faisant preuve d'humilité. Bien peu de choses ; tout juste l'espace d'un tapis.

63. LE CORBEAU

Monté dans le minaret, Nasreddin Hodja appelait les fidèles à la prière, lorsqu'un corbeau, au-dessus de lui, fit une tache sur l'épaule de son habit. Alors le Hodja, bouillant intérieurement, mais sur un ton calme, l'apostropha :
– Si tu es un bon musulman, tu ne dois pas faire ça à celui qui invite les musulmans à la prière. Et si tu ne l'es pas, pourquoi viens-tu voler autour du minaret ?

64. LE CHARPENTIER

Nasreddin, à la recherche d'un charpentier, entre dans un bazar où l'on vend de tout, détaille les rayons et, satisfait, demande au commerçant s'il est bien celui qu'il croit. Dubitatif devant la réponse négative de ce dernier, Nasreddin lui demande :
– Vends-tu des planches ?
– Oui, j'en vends.
– Vends-tu des clous ?
– Oui, j'en vends aussi.
– As-tu des scies ?
– Oui, j'en ai.
– As-tu des rabots ?
– Oui, j'en ai aussi.
– Comment, dans ce cas, peux-tu nier l'évidence ? Tu es bien charpentier à mes yeux, et prétendre le contraire ne te fera pas devenir un autre.

65. LE DISCIPLE

Ayant entendu parler de sa sagesse, un élève se présenta un jour à Nasreddin pour devenir son disciple.
– À quel titre prétends-tu être digne de mon enseignement ? lui dit le Hodja.
Et l'élève de faire l'éloge de ses nombreux talents, de faire étalage de ses qualités, de ses accomplissements spirituels, et n'arrêtant pas d'en rajouter afin de convaincre Nasreddin.
– Quel dommage que les maîtres ne t'aient pas étudié toi d'abord ! lui répondit celui-ci.

66. UN FILS PARESSEUX

Le fils de Nasreddin Hodja, parti étudier à Konya, écrivit quelque temps après son arrivée à son père :
« Cher papa, je prie pour toi quatre fois par jour... »
Les bons musulmans priant cinq fois par jour, Nasreddin soupira :
– Quel paresseux ! Il se lève toujours aussi tard !

67. UN VOL CONTRARIÉ

Dans sa jeunesse, Nasreddin Hodja, une longue échelle sur l'épaule, pénètre dans un jardin pour y dérober des fruits. Le jardinier, qui le surprend à son arrivée, lui demande :
– Qui es-tu ? Que viens-tu chercher ici ?
Sans se démonter, Nasreddin répond effrontément :
– À ma connaissance, il n'y a pas d'endroit particulier pour vendre des échelles. Tu ne voudrais tout de même pas que j'aille la vendre dans la boutique du charcutier ?

68. UN OUBLI PAS ORDINAIRE

Nasreddin Hodja s'en vint trouver un ami chez lui. Celui-ci était à sa fenêtre et, ne souhaitant pas être dérangé, se cacha. Mais Nasreddin l'avait vu et frappa à la porte.

Sur les ordres de son mari, c'est la femme qui ouvrit la porte pour éconduire Nasreddin.
– Que veux-tu ?
– Je viens voir ton mari.
– Il est sorti.
– Très bien ! Salue-le de ma part quand il rentrera. Et dis-lui aussi de ne pas oublier sa tête sur le rebord de la fenêtre la prochaine fois.

69. LE PARAPLUIE

Tandis que Nasreddin sortait de la mosquée pour reprendre le chemin de sa maison avec ses amis, la pluie se mit à tomber.

Alors que chacun se lamentait de n'avoir pas pris son parapluie, Nasreddin, qui tenait le sien en main, ne daigna même pas l'ouvrir.

Un de ses amis, perplexe, lui dit :
– Eh bien, Nasreddin ! Ne vois-tu pas qu'il pleut ? Pourquoi n'utilises-tu pas ton parapluie ?
– À quoi bon ? répondit Nasreddin. Il est tout déchiré et ne me protégera pas.
– Mais alors, pourquoi l'avoir pris ?
– Je ne savais pas qu'il allait pleuvoir...

70. DISPUTE CONJUGALE

Un jour, Nasreddin Hodja rencontra un voisin qui lui avoua :

– Hier soir, j'ai entendu des voix qui venaient de chez toi, puis des cris et enfin une chute.

Pensant couper court à cette conversation, Nasreddin expliqua :

– J'ai eu une petite prise de bec avec ma femme. De rage, elle a pris mon manteau et l'a jeté dans les escaliers.

– Mais, Hodja, est-il possible qu'un manteau fasse un tel bruit ?

Acculé à la vérité, Nasreddin se résolut à avouer :

– J'étais dans le manteau.

71. CHACUN SON RÔLE

Afin de soutirer un peu d'argent, Nasreddin rend visite à un homme riche du village.

– Salut à toi, homme fortuné ! Grâce à Dieu, tu vis dans l'opulence et tu ne manques de rien. Ta richesse t'a permis de faire plusieurs fois le pèlerinage. Moi qui suis pauvre, tu le sais bien, j'aimerais aussi me rendre à la Mecque, ne serait-ce qu'une fois, avant de mourir. Pourrais-tu m'avancer de quoi me payer le voyage, que j'accomplisse ce devoir saint ?

– Je te comprends, Nasreddin, lui répondit l'homme. Mais tu sais aussi bien que moi que la religion n'impose pas le pèlerinage aux pauvres.

– Écoute ! s'impatienta Nasreddin, à chacun son rôle dans ce bas monde : pour l'interprétation de la religion, il y a l'imam ; toi, contente-toi de donner l'argent !

72. L'INTELLIGENCE DE L'ÂNE

Nasreddin Hodja, qui vient d'acheter une bonne provision de farine pour l'hiver, la charge sur son âne pour la ramener chez lui.

Mais l'animal se montre très vite récalcitrant, ruant constamment et se démenant tout son possible pour se débarrasser de son fardeau.

Assistant à la scène, un paysan amusé lui lance :

– Ton âne est vraiment stupide ! Je me demande comment tu fais pour le garder...

– C'est toi qui es stupide ! lui répondit le Hodja, vexé. Mon âne est bien plus intelligent que toi, et c'est pour cela que j'y tiens. Lui a parfaitement compris que le pain qu'il porte n'était pas pour lui.

73. REPAS FRUGAL

Nasreddin Hodja marchait le long d'une rivière quand il vit des oies qui s'y baignaient. Il eut envie d'en attraper pour son déjeuner. Mais quand il entra dans l'eau, elles se sauvèrent et il ne parvint même pas à en saisir une.

Alors il s'assit sur la berge, sortit un morceau de pain, le trempa dans l'eau et le mangea.

Un passant intrigué qui avait assisté à la scène lui demanda ce qu'il faisait.

– Que veux-tu ? lui répondit Nasreddin. Puisque je n'ai pas pu attraper les oies, il est juste que je me contente de leur bouillon.

74. L'ORDRE DES CHOSES

Nasreddin Hodja, fatigué, décida de se reposer à l'ombre d'un noyer qui se trouvait au milieu d'un champ de citrouilles.

Levant la tête, il constata que sur un arbre si grand, il y avait de tout petits fruits. Puis, regardant autour de lui, il vit que de toutes petites tiges portaient des citrouilles énormes. Il trouva cela bien étrange et pesta contre Dieu qui avait si mal fait les choses.

S'étant endormi sous l'arbre, il fut soudainement réveillé par une noix qui lui tomba sur la tête.
– Finalement, Dieu fait bien les choses, se dit-il. Si les citrouilles avaient été sur l'arbre, ma pauvre tête !

75. L'ANGE DE LA MORT

Nasreddin Hodja, gravement malade, était couché. Tous pensaient qu'il n'y avait plus d'espoir. À son chevet, sa femme pleurait.
Hodja s'adressa à elle :
– Femme, pourquoi pleurer ? Va te laver la figure, mets tes plus beaux vêtements, fais-toi belle et reviens à côté de moi.
– Mais, Hodja, comment puis-je me faire belle alors que tu meurs ?
– Il faut que tu fasses ce que je t'ai demandé, dit-il. Ainsi, quand l'ange de la mort arrivera, il te prendra peut-être à ma place.

76. LA BONNE SOUPE

Rencontrant des mendiants dans la rue, Nasreddin les invita à manger.
– Venez, nous irons tous manger une bonne soupe chez moi.
Arrivé chez lui en compagnie de ses hôtes, il avertit sa femme, qui lui répond :
– Sombre idiot ! Y a-t-il dans cette maison de l'huile et du riz pour que nous puissions faire la soupe que vous avez promise ?
– Donne-moi cette écuelle, dit simplement le Hodja.
Et la présentant aux mendiants ahuris, il dit :

– Voyez, mes amis ! Si nous avions eu du riz et de l'huile, c'est dans cette écuelle que nous aurions dégusté cette bonne soupe !

77. REÇUS DANS LE CIEL

Une fois qu'il séjournait depuis plusieurs jours dans un village, Nasreddin se mit à parler de Jésus à une assemblée captivée. Il leur racontait comment il était monté au ciel, pour n'en plus redescendre et vivre là-haut pour l'éternité.

Une femme, intriguée, lui demanda ce que Jésus mangeait dans le ciel. Or il se trouva que cette femme, qui l'avait vu chaque jour mendier sa nourriture sur la place du marché, ne lui avait jamais accordé aucun regard.

– Pauvre folle ! Que t'importe ce que Jésus mange dans le ciel, quand tu ne t'inquiètes même pas de ce que Nasreddin mange sur Terre !

78. CHACUN SES AFFAIRES

Alors qu'il se reposait paisiblement dans la rue, un homme vint réveiller Nasreddin Hodja :

– Hodja ! Il y a un instant, j'ai vu quelqu'un transporter un grand plat plein de baklava.

Agacé d'être dérangé pour cela, Nasreddin marmonna sans ménagement :

– Qu'est ce que ça peut me faire ?

– Mais, Hodja, on portait ce grand plat de baklava chez toi !

– Et alors ? Qu'est ce que ça peut te faire ?

79. LE SIGNE DU ZODIAQUE

Un jour, quelqu'un demanda à Nasreddin Hodja de quel signe du zodiaque il était.
– Du bouc, répondit-il.
L'autre, incrédule :
– Arrête de raconter des histoires, Hodja. Tu sais bien que le signe du bouc n'existe pas !
– Ignorant que tu es ! Figure-toi qu'à ma naissance ma mère se renseigna sur mon signe et on lui répondit que c'était celui du chevreau[10]. C'était voici plus de quarante ans, et tu voudrais qu'après tant d'années un chevreau ne devienne pas un bouc ?

80. LA RECETTE

Nasreddin Hodja revenait du marché et rapportait du foie qu'il avait âprement négocié.
Il rencontra un ami qui lui proposa de lui donner une recette pour l'accommoder. Il l'écrivit aussitôt sur un morceau de papier.
Nasreddin poursuivait son chemin, tout heureux, quand un faucon fonça sur lui et enleva le morceau de foie qu'il tenait à la main.
Ahuri, Nasreddin se ressaisit, et brandissant son bout de papier, il cria à l'oiseau :
– Stupide animal ! Tu ne te régaleras pas, la recette, c'est moi qui l'ai !

81. LES SAVANTS

Des gardes viennent arrêter Hodja. Le sultan souhaite en effet le confronter avec les sages les plus éminents du

---

[10] Le chevreau (الجـدي al-ğady) est un signe du zodiaque arabo-persan.

pays, qui l'accusent d'hérésie pour son comportement outrancier.

Pour sa défense, Nasreddin demande qu'on donne de quoi écrire aux savants. Il les invite à répondre par écrit à une seule question : « Qu'est-ce qu'un pain ? »

Puis, il lit les réponses à l'assemblée.

Pour le juriste, le pain est une nourriture.

Pour le physicien, c'est de la farine et de l'eau.

Pour le théologien, un don du Ciel.

Pour le géographe, une pâte cuite.

Pour le philosophe : cela dépend de ce qu'on entend par « pain ».

Pour le médecin, c'est une substance nutritive.

Enfin, pour l'historien, personne ne sait ce que c'est.

Se tournant alors vers le sultan et dit :

– Seigneur, tu vois bien qu'ils sont incapables de se mettre d'accord pour une chose aussi évidente et qu'ils mangent tous les jours. Comment pourraient-ils raisonnablement décréter d'un commun accord que je suis un hérétique ?

82. L'ACCOUCHEMENT

La femme de Nasreddin Hodja était enceinte. Sentant l'heure arriver, elle demanda à son mari d'allumer une bougie et de la placer sur la table. L'enfant vint au monde rapidement.

Mais Nasreddin eut à peine le temps de se réjouir qu'un deuxième enfant arrivât, puis un troisième.

Alors, il se précipita pour éteindre la bougie.

– Pourquoi éteins-tu la bougie ? lui demanda sa femme.

– Enfin ! Tu vois bien que la lumière attire les enfants. Si je ne l'éteins pas tout de suite, combien en aurons-nous ?

83. PAROLE CONTRE PAROLE

Un voisin vint demander à Nasreddin Hodja de lui prêter son âne pour se rendre au marché. Celui-ci n'en avait nullement l'intention et dit :
– Je te l'aurais prêté volontiers, mais mon âne n'est pas ici.
À peine eut-il prononcé ces paroles qu'on entendit l'animal braire derrière la maison
– Hodja, comment peux-tu te prétendre mon ami alors que tu refuses de me prêter ton âne ?
Et Nasreddin de lui répéter :
– Mais puisque je te dis que mon âne n'est pas là…
– Tu mens, Nasreddin ! Je l'entends, ton âne !
– Voisin, tu me déçois… comment peux-tu te prétendre mon ami alors que tu attaches plus d'importance à la parole d'un âne qu'à la mienne ?

84. LES VOIES DE DIEU

Nasreddin s'est fait dérober les 1000 pièces d'argent qu'il avait mis des années à mettre de côté. Il pria longtemps pour retrouver son argent, mais rien ne se passa.
Mais un jour qu'il cheminait avec un inconnu jusqu'à Konya, tous deux furent pris dans un orage d'une violence extrême ; des inondations commencèrent à emporter les arbres, des éclairs fendaient un ciel noir comme la suie, le ciel déchaînait sa fureur dans toute la plaine.
Pris de panique, l'étranger promis que s'ils parvenaient sains et saufs à destination, il donnerait 1000 pièces d'argent à son compagnon. Lorsque l'orage cessa, et qu'ils finirent par arriver indemnes à Konya, il s'acquitta vertueusement de sa promesse.
Alors Nasreddin se tourna vers Dieu :
– Tu as quand même des manières bien étranges de régler les problèmes ! Pourquoi passer par des voies aussi

tortueuses pour faire des choses qui pourraient l'être bien plus simplement ?

85. LEÇON D'ÉDUCATION

Un jour, Nasreddin Hodja donna une cruche à sa fille pour la remplir à la fontaine, lui administra deux gifles, et lui recommanda gentiment :
– Fais bien attention à la cruche, ne la casse pas.
La fillette se mit en route en pleurant. Un témoin, indigné et dubitatif, demanda :
– Hodja, pourquoi commets-tu ce genre d'injustice ? Qu'a-t-elle fait ?
Fronçant les sourcils, Nasreddin répondit :
– De quelle utilité serait la correction, une fois la cruche réduite en morceaux ? Alors que là...

86. LES LUNETTES

Nasreddin Hodja, constatant que les vieillards, quand ils veulent lire, chaussaient des lunettes, se rendit chez l'opticien de la ville voisine.
Celui-ci lui présenta une première paire, que Nasreddin posa sur son nez. Il s'empara alors d'un livre, et se mit à parcourir les premières lignes. Mais rapidement, il rendit les lunettes, qui semblaient ne pas lui convenir.
Le marchand lui en présenta d'autres paires, sans qu'aucune ne trouvât grâce aux yeux du Hodja. Celui-ci les rendait invariablement en clamant qu'elles ne valaient rien.
À bout de patience, l'opticien impatienté lui dit avec humeur :
– Hodja, vous ne savez peut-être pas lire ?
– Pardi ! reprit Nasreddin, si je savais lire, je n'aurais que faire de tes lunettes !

87. LE RAMADAN

Cette année-là, le mois du ramadan tombe en plein milieu d'un été torride. Déshydraté, Nasreddin, ne pouvant plus attendre l'heure de la rupture du jeûne, s'approche discrètement d'une fontaine. Il peut enfin étancher cette soif qui le tenaillait.
– Mais que fais-tu, Hodja ? lui demande un passant. N'est-ce pas un péché de rompre le jeûne avant l'heure ?
– Tais-toi, misérable ! Le ramadan revient chaque année, mais moi, si je meurs, je ne reviens plus !

88. À L'ENVERS

Un matin, Nasreddin Hodja arriva en ville, à l'envers sur son âne.
Les enfants, l'apercevant de loin, se précipitèrent à sa rencontre en se moquant de lui :
– Quel idiot ! Il n'est même pas capable de monter son âne correctement, dit l'un.
– Il est monté à l'envers ! dit un autre.
– Non ! dit Nasreddin, je suis monté du pied droit, comme d'habitude. Ce n'est pas ma faute si cet âne est gaucher !

89. TU AS RAISON

Nasreddin Hodja était alors cadi à Akşehir. Un homme vint se plaindre d'un différent avec un autre homme.
Après l'avoir écouté, Nasreddin lui dit :
– Véritablement, tu as raison.
L'autre homme arriva ensuite, qui lui raconta sa version de l'histoire à sa façon, et demanda :
– N'ai-je pas raison ?
– Si, toi aussi tu as raison.

Sa femme qui avait tout entendu lui reprocha :
– Quelle sorte de justice est-ce là ? Un cadi qui donne raison à l'un et à l'autre ?
Après avoir réfléchi un instant, Nasreddin répondit :
– Vois-tu, femme, toi aussi tu as raison !

90. FERMENTATION LAC...TIQUE.

Un jour, Nasreddin Hodja prit un peu de yogourt et se rendit sur le bord du lac d'Akşehir. Là, il le mélangea à l'eau du lac.
Des paysans, étonnés, lui demandèrent :
– Que fais-tu donc, Hodja ?
– Êtes-vous aveugles ? Ne voyez-vous pas que je verse du ferment dans le lac ?
– Mais il n'est pas possible que le lac prenne et devienne du yogourt !
Agacé par ces importuns qui croyaient savoir avant d'avoir essayé, il leur rétorqua :
– Vous auriez pu me dire que vous aviez déjà tenté l'expérience ! Vous m'auriez évité de perdre mon temps.

91. UN CAS COMPLIQUÉ

Un voisin vint trouver Nasreddin, à l'époque où il était cadi.
– Que faudrait-il faire dans le cas où deux vaches se battent dans un pré, et que l'une d'elles vient à mourir à l'issue de ce combat ? Demande le voisin.
S'apercevant que l'homme a le regard fuyant, Nasreddin se méfie :
– Cela dépend ! Il faudrait en savoir plus sur les circonstances de ce combat.
– Bon, voilà : ta vache a tué la mienne !
Rassuré qu'il en soit ainsi, Nasreddin répond :

– Les vaches sont des animaux dénués de raisons, et qui se comportent sans aucune volonté de faire le mal en soi. Elle n'est donc pas responsable de ses actes, et son propriétaire non plus par voie de conséquence !

Conforté par cette réponse, l'homme, se reprenant soudain, ajoute :

– Pardon, Hodja, je me suis trompé lamentablement, et avec l'émotion, ma langue m'a trahi ; c'est ma vache qui a tué la tienne.

– Aaaah, dans cas, c'est différent, et c'est un cas bien compliqué il est vrai. Passe-moi ce gros livre noir là-haut sur l'étagère. Il nous faut étudier cela de près...

92. UN MENDIANT AVISÉ

Un jour, Nasreddin, qui mendiait à la sortie de la mosquée, interpella un riche marchand.

– Dis-moi, noble seigneur, lui demanda-t-il, pourrais-tu me donner de quoi acheter un éléphant ?

– Cher Nasreddin, je voudrais bien, mais si je fais ça, tu perdras très vite ton éléphant, car tu n'auras pas les moyens de le nourrir.

Vexé, Nasreddin rétorqua :

– Je t'ai demandé de l'argent, pas un conseil !

93. L'OBJET PERDU

Nasreddin Hodja a perdu un somptueux turban.

– Tu dois être bien ennuyé ! compatit un voisin.

– Non, je suis sûr de le retrouver : j'ai offert une récompense d'une demi-pièce d'argent.

– Mais celui qui le trouvera ne va sûrement pas se défaire d'un turban qui vaut cent fois plus que cela !

– J'ai songé à cette éventualité, figure-toi. J'ai donc signalé qu'il s'agissait d'un vieux turban, sale, très différent du vrai.

94. LE CLOU DE NASREDDIN

En grand besoin d'argent, Nasreddin se décida à vendre sa maison. Mais il passa un accord avec l'acheteur :
– Je te vends tout, sauf ce clou.
L'acheteur accepta. Le lendemain de la vente, Nasreddin revit dans son ancienne maison et dit :
– Je dois accrocher quelque chose à mon clou.
Et il y accrocha une gandoura toute sale et puante. L'acheteur n'était pas content, mais il ne dit rien.
Le jour suivant, Nasreddin vint déposer une carcasse de mouton. Face aux protestations de l'acheteur, il répondit :
– C'est mon clou. Je peux y mettre ce que je veux.
Et il en fut ainsi tous les jours. La maison était devenue une vraie puanteur. Excédé, l'acheteur finit par dire :
– Il nous faut vraiment trouver une solution à cette situation insupportable, je n'en peux plus.
Ce à quoi Hodja répondit :
– Si tu le souhaites, je te rachète la maison à moitié prix.
Et c'est ainsi que Nasreddin récupéra sa maison.

95. L'EFFET DE LA BOISSON

Un soir en rentrant de la ville, Nasreddin trouva ses deux femmes entourées d'amies venues passer l'après-midi en leur compagnie. Jovial, il déclara à la plus jeune :
– Ah ! Fatima ! Ma tendre épouse. La boisson te rend si belle.

Outrée du soupçon que son mari faisait peser sur elle en présence de témoins, elle tenta de répliquer :
– Mais enfin... Comment peux-tu dire ça ? Tu sais bien que je ne bois pas !
– C'est vrai ! Et c'est pour cela que j'ai dû le faire à ta place !

96. LA MORT DE NASREDDIN

Un jour, cheminant dans la campagne, Nasreddin Hodja se sentit mal et s'évanouit. Il revint à lui convaincu d'être mort. Rentré à la maison, sa femme, le voyant si pâle, lui en demanda la raison. Il dit :
– Ne vois-tu pas que je suis mort et que je ne vis plus ?
Sur ce, il se mit au lit.
Aux cris désespérés de son épouse, les voisins accoururent et l'interrogèrent :
– Qu'as-tu donc à crier ainsi ?
– Malheur ! Mon mari est mort !
– Comment ça ? Tu auras mal compris. C'est une méprise, on cherche à te faire du tort.
– Impossible, c'est lui-même qui me l'a annoncé !

97. LE BŒUF DE NASREDDIN

En revenant du marché où il vient d'acheter un bœuf, Nasreddin croise un ami. Surpris de le voir avec un si bel animal, celui-ci se met à le presser de questions qui ne font visiblement qu'ennuyer le Hodja : « A qui l'as-tu acheté ? », « Combien l'as-tu payé ? », « Quel âge a-t-il ? », etc.
De mauvaise grâce, Nasreddin répond, heureux lorsqu'enfin le flot se termine.
Mais il n'a pas plus tôt fait cinq pas, qu'il croise un nouvel ami :

– Oh, Nasreddin ! Où as-tu acheté ce magnifique bœuf ?
– Je ne l'ai pas acheté, c'est lui qui m'a acheté. Si tu as des questions, pose-les à lui...

98. LE MANTEAU DE NASREDDIN

Un soir, en revenant des champs avec ses habits tout sales, Nasreddin entend chanter dans une maison.

Comme le veut la tradition qui autorise quiconque à participer à la fête, il pousse la porte de la maison. On y mange un délicieux couscous.

Mais ses vêtements sont tellement sales qu'on le chasse de la maison. Furieux, il court chez lui, met son plus beau manteau et revient à la fête.

Cette fois, il est accueilli chaleureusement.

Nasreddin se dirige alors vers le buffet, prend du couscous, de la sauce, du vin, et commence à les étaler sur son manteau, en disant :

– Mange, mon manteau ! Bois, mon manteau !

Stupéfait, le maître de maison lui demande :

– Mais... qu'est-ce que tu fais Nasreddin ? Tu es devenu fou ?

– Pas du tout. Moi je ne suis pas invité. C'est mon manteau qui est le bienvenu.

99. LE POUVOIR DU TURBAN

Un jour, un commerçant d'Akşehir vint trouver Nasreddin Hodja avec une lettre qui lui venait de Perse et qu'il ne pouvait lire.

– S'il te plaît, lis-moi cette lettre.

Nasreddin Hodja prit la lettre, vit qu'elle était écrite en persan, et lui dit :

– Cherche quelqu'un d'autre, je ne peux pas la lire.

Le commerçant ne pouvait croire un instant que Nasreddin soit analphabète :
– Comment cela, tu ne peux pas la lire ! Il est impossible qu'un Hodja ne connaisse pas le persan ! N'as-tu pas honte de porter ce turban ?
Alors Nasreddin retira son turban et le mit sur la tête du commerçant :
– Si le miracle est dans le turban, tu peux la lire toi-même maintenant !

100. MINISTRE DU PÉTROLE

Convoqué au palais du sultan, Nasreddin se voit proposer un ministère, en remerciement des nombreux conseils prodigués depuis des années.
Comble de félicité, le sultan lui laisse même le choix de sa charge.
– Dans ce cas, dit Nasreddin, j'aimerais être ministre du Pétrole !
– Mais voyons Nasreddin, lui dit le sultan amusé, il n'y a pas de ministre du Pétrole dans mon gouvernement. Tu sais bien que mon royaume ne possède pas de pétrole, et je ne peux te nommer ministre de quelque chose qui n'existe pas !
– Pourtant, Seigneur, rétorque Nasreddin, tu as bien un ministre de la Justice !

101. LE PARTAGE DES HOMMES

Quatre enfants viennent trouver Nasreddin et lui demandent :
– Nous n'arrivons pas à partager des noix équitablement entre nous. Pourrais-tu nous aider ?
– Voulez-vous le partage de Dieu ou celui des hommes ? Leur demande Nasreddin.

– Le partage de Dieu, répondent-ils sans hésiter.

Nasreddin ouvre alors le sac et donne deux poignées de noix à l'un des garçons, une poignée à un autre, deux noix au troisième et une seule noix au quatrième.

– Qu'est-ce que c'est que cette distribution ? s'écrient les enfants.

– C'est la manière divine. Il donne beaucoup à certains, peu à quelques-uns, rien à d'autres. Si vous aviez choisi la manière des hommes, j'aurais fait un partage plus équitable.

102. À TERRE

Alors qu'il voulut monter sur son âne pour se rendre au marché, Nasreddin en fit le tour et chuta lourdement de l'autre côté.

Tous les enfants du village se moquèrent de lui.

Ne comprenant pas la raison de ce soudain accès de rire, il se tourna vers eux et leur dit :

– Pourquoi riez-vous ainsi ? J'étais déjà à terre sans que vous en riiez avant de monter. Pourquoi rire maintenant que je suis de nouveau à terre ?

103. LE GLOUTON

Au cours d'un festin qu'il donne pour ses invités, Tamerlan engloutit quantité de poulets et d'oiseaux en tous genres.

Profitant d'un moment d'inattention de la part de Nasreddin, son voisin de table, il pousse vers lui la montagne d'os qu'il a accumulés et prend à témoin les autres convives :

– Voyez ce glouton de Nasreddin ! Malgré son grand âge et son éducation, il mange comme un ogre, et aussi salement qu'un paysan !

– Voyez cet animal ! s'écrie Nasreddin en retour, désignant l'espace devenu vide devant Tamerlan. Lui va jusqu'à avaler les os !

104. MARCHE !

Tandis qu'il se repose sous un arbre loin de la ville, Nasreddin voit soudain devant lui un voyageur, à l'arrêt, qui lui demande :
– Dis-moi l'ami, combien de temps encore pour rejoindre la ville ?
Sans daigner lui prêter beaucoup d'attention, Nasreddin lui adresse un « Marche ! » impérieux.
Pensant avoir été mal compris, le voyageur renouvelle sa question, mais ne récolte à nouveau qu'un « Marche ! »
– Voilà une bien curieuse manière d'accueillir les étrangers, marmonne-t-il avant de repartir, furieux.
Alors, Nasreddin, à son adresse :
– À ce rythme-là, il te faudra environ deux heures.

105. LE DINDON DE LA FARCE

Un jour qu'il est au marché, Nasreddin voit qu'un marchand vend un coq pour 5 akçe[11] et un perroquet pour 50 akçe. Demandant ce qui justifie le prix du second, le vendeur lui répond :
– Ah, mais c'est un perroquet. Il parle.
Le lendemain, Nasreddin retourne au marché avec un dindon et se met à crier :
– Cet oiseau est à vendre ! 200 akçe seulement !
Les passants sont effarés du prix exorbitant.
– 200 akçe ! Mais c'est hors de prix !

---

[11] Akçe, ou aspre : pièce d'argent qui fut la monnaie principale de l'Empire ottoman pendant plusieurs siècles.

– Comment ça, hors de prix ? Mais lui, là-bas, il vend le sien 50 akçe !
– Oui, mais le sien, c'est un perroquet, il parle !
– Eh bien ! le mien, il pense !

106. LE POT DE MIEL

Alors qu'il vend du miel sur le marché, un homme s'approche de Nasreddin pour en acheter un pot.

Tandis que ce dernier pèse le miel et en remplit le pot, l'autre n'a de cesse de l'importuner avec un tas de questions inutiles.

Lorsque Nasreddin lui réclame ensuite le prix du miel, l'homme lui dit :
– Il me semble bien te l'avoir déjà donné tandis que nous parlions.

Nasreddin vide alors le pot avec application, raclant jusqu'au moindre dépôt dans le fond ; puis il tend le pot vide à l'acheteur, qui commence à râler.
– Il me semble bien que tu as déjà mangé le miel pendant que nous conversions ! lui dit alors Nasreddin.

107. SECOURS À UN NOYÉ

En passant un jour à côté du fleuve, Nasreddin remarqua un attroupement. S'approchant, il vit un homme en train de se noyer près du bord. Les gens lui criaient : « Donne-nous ta main ! Donne-nous ta main ! », mais l'homme continuait à avaler de l'eau et à se débattre désespérément, refusant d'écouter leurs conseils.

Nasreddin Hodja reconnut l'homme tout de suite.
– Poussez-vous, dit-il aux autres, c'est mon voisin, et je le connais bien : il est tellement avare qu'il ne donne jamais rien.

Puis Nasreddin s'approcha du bord du fleuve et cria :

– Voisin ! Prends ma main !

Sans hésiter, le voisin s'accrocha à la main tendue et fut sauvé de la noyade.

108. LE MUSICIEN

Nasreddin décida un jour de jouer de l'oud[12]. Installé sur la place du marché, il se rendit rapidement compte que cela était bien plus difficile qu'il ne l'avait imaginé. Aussi finit-il par ne plus cesser de répéter la même note, agaçant ses voisins. À bout de nerfs, ceux-ci finirent par lui dirent :

– Pourquoi jouer toujours la même note ? Les musiciens utilisent aussi les autres cordes...

Nasreddin, sans se départir, leur répondit :

– C'est qu'eux cherchent encore la note idéale. Moi, je l'ai trouvée !

109. PRUDENCE EN TOUTE CHOSE

Au marché, Nasreddin discutait avec un ami, lorsqu'un jeune homme s'arrêta devant un étalage, écrasant de sa lourde chaussure les orteils de Nasreddin.

– Tu es, sans doute, le fils de notre calife bien-aimé, lui dit Nasreddin en souriant.

– Pas du tout ! répondit le jeune homme sans bouger d'un pouce.

– Alors, tu dois être le fils du vizir !

– Encore moins !

– Le fils d'un magistrat ou d'une personnalité importante ?

– Pas du tout !

---

[12] Instrument à cordes répandu en Égypte et au Moyen-Orient, comparable au luth occidental auquel il a donné son nom.

– Alors, enlève ton pied, imbécile, si tu ne veux pas que je te casse les côtes avec mon bâton.

110. LE VOYAGEUR RUSÉ

Un voyageur, de passage au village, demande à un homme, adossé à un mur, s'il connaît bien Nasreddin Hodja.
– Je voudrais le rencontrer, dit-il, car on le prétend rusé, mais je le suis bien davantage. Et je voudrais me mesurer à lui.
L'homme lui répond :
– Je vais aller le chercher pour toi. Peux-tu maintenir ce mur avec ton dos ? Ici, les hommes du village se relaient pour éviter qu'il ne tombe. Je reviens prendre ma place dès que j'ai trouvé le Hodja.
L'homme s'exécute et s'appuie sur le mur comme on le lui avait montré.
Au bout de quelques heures, des hommes du village, qui se demandent ce qu'il fait, l'abordent. Il leur explique ce qui s'est passé. Ils lui répondent :
– Pauvre idiot, tu as eu affaire à Nasreddin lui-même !

111. LA FORCE DE LA VIEILLESSE

Nasreddin arriva un jour au café, l'air fier et heureux.
– Eh bien ! Nasreddin, lui lancèrent ses amis, on dirait que tu viens de découvrir un trésor.
– Beaucoup mieux que ça, leur répondit-il. J'ai soixante ans et je viens de découvrir que j'ai toujours la force que j'avais à vingt ans.
Ne pouvant y croire, ses amis lui demandèrent :
– Et comment as-tu découvert cela ?

– C'est simple ! Vous voyez l'énorme pierre qui est devant ma maison ? Eh bien ! à vingt ans, je n'arrivais pas à la soulever.
– Et alors ?
– Aujourd'hui, j'ai essayé, je n'y suis pas arrivé non plus ; exactement comme à vingt ans.

112. LE PARTAGE DES RICHESSES

Un jour, la femme de Nasreddin dit à son mari :
– La vie dans le village est devenue intolérable : la moitié des gens est très riche, tandis que l'autre moitié n'a pas de quoi manger. Si toi, qui es respecté de tous, tu arrives à les convaincre de partager leurs richesses, alors, tout le monde pourrait vivre heureux.
– Tu as absolument raison, femme. J'y vais de ce pas.
Le Hodja quitta sa maison et ne revint que tard le soir, complètement épuisé.
– Alors ? l'interrogea sa femme.
– Ça n'a pas été simple, mais j'ai déjà fait la moitié du travail : j'ai réussi à convaincre les pauvres !

113. UN FILS OBÉISSANT

Nasreddin n'avait encore que dix ans. Sa mère lui dit un jour :
– Je dois partir au marché. Pendant mon absence, fais bien attention aux voleurs et, surtout, ne quitte pas la porte, sinon ils risquent de dévaliser toute la maison.
– Sois tranquille, mère, j'y veillerai.
Une heure après, la mère voit son fils se promener sur le marché avec la porte de la maison sur le dos.
– Malheureux ! Que fais-tu ainsi à te promener ?

– N'aie crainte, mère ! J'avais envie de sortir, mais puisque tu m'as recommandé de ne pas quitter la porte, je l'ai prise avec moi.

114. L'ORIGINE DU SON

Un voyageur qui séjournait à Akşehir et avait entendu parler de la sagesse de Nasreddin Hodja, vint un jour le trouver pour le mettre à l'épreuve. Ceci attira du monde, venu dans l'espoir d'assister à la défaite du Hodja.

Le voyageur demanda un seau d'eau et du charbon, puis fit du feu, chauffa le charbon, et jeta la braise dans l'eau.

On entendit un « pschhhh » lorsque la braise entra en contact avec l'eau. Sentencieux, le voyageur toisa Nasreddin et lui demanda :

– Le son « pschhhh » qu'on entend, vient-il de la braise ou bien de l'eau ?

Nasreddin réfléchit un long moment. L'assemblée, en retenant son souffle, attendait la réponse du Hodja. Soudain, celui-ci se leva, s'approcha du voyageur et, sans prévenir, lui administra une violente claque sur la nuque.

– Et le « clac » que nous avons entendu, dit Nasreddin, vient-il de ma main ou de ta nuque ?

115. LE PHILOSOPHE

Un jour qu'il se prélassait sur la place du marché au milieu de ses amis, Nasreddin vint à rompre le silence et déclara, songeur :

– Ah ! mes amis ! Plus je vieillis, et plus je me dis que la vie est une fontaine d'eau chaude.

Sortis de leur torpeur, ses amis semblaient réfléchir à cette déclaration soudaine. Après un long silence, n'y tenant plus, son voisin de droite finit par dire :

– C'est une vue très intéressante. Mais qu'entends-tu au juste par-là ?
– Qu'est-ce que j'en sais, moi ? Je sais le dire, mais pour le comprendre, il faut être philosophe !

116. LE CAMBRIOLAGE

Alors, qu'ils dormaient tous les deux à l'étage, Nasreddin et sa femme sont réveillés par un bruit au rez-de-chaussée.

Cette dernière, parvenue en haut des escaliers, revient lui dire qu'elle a aperçu un cambrioleur dans la cuisine. Sans doute celui-ci ignorait-il que le Hodja était très pauvre, et ne possédait rien de valeur.

Agacé que sa femme parle trop fort au risque d'effrayer le visiteur nocturne, il la rabroue :

– Chut ! Femme stupide ! Laisse-le chercher tranquillement. Avec de la chance, il trouvera quelque chose d'utile. Alors, prépare-toi, car il nous faudra nous en emparer avant lui !

117. L'AUDIENCE ROYALE

Revenu de la capitale où il était allé trouver le roi pour lui exposer une requête de la part des gens de son village, Nasreddin fut assailli par ces derniers, pressés de savoir ce qui s'était passé.

– As-tu pu voir le roi ? demanda l'un d'eux.
– Pour sûr, je l'ai vu, répondit le Hodja.
– Que lui as-tu dit ?
– Pour le moment, sachez seulement qu'il m'a effectivement adressé la parole !

Au comble de l'émotion, tous s'éparpillèrent pour répandre la bonne nouvelle. Mais l'un d'eux, resté sur place, demanda :

– Mais que t'a-t-il dit au juste ?
– Il a été bref, mais parfaitement clair ! Il m'a dit « Ôte-toi de mon chemin, misérable ! ».

118. DUR EN AFFAIRE

Parti sur le marché aux bestiaux vendre son âne qu'il estimait à 200 akçe, Nasreddin venait d'y passer la journée sans trouver d'acheteurs.

Sentant la bonne affaire face au Hodja qui commençait à s'impatienter, un paysan se présenta peu avant la fermeture, et lui en proposa 100 akçe.

– Écoute, je veux bien faire affaire, d'autant que j'ai besoin d'argent immédiatement. Mais quand même, je suis embarrassé : où, à une heure aussi tardive, vais-je trouver un acheteur pour l'autre moitié ?

119. LE SAUVETAGE

Un homme, au sommet d'un arbre, ne parvenait plus à en redescendre. Nasreddin, qui passait par là, lui offrit son aide. Il prit une longue corde et en lança un bout à l'homme.

– Attachez-la autour de votre taille !
– Que faites-vous, Hodja ? s'exclamèrent les autres passants. Vous ne pouvez pas le sauver ainsi, il va se faire mal !

– Faites-moi confiance, leur répondit Nasreddin, j'ai déjà essayé cette méthode et elle a été efficace.

L'homme attacha donc la corde autour de sa taille et Nasreddin tira sur l'autre extrémité. Ce qui devait arriver ne manqua pas d'arriver... L'homme tomba à terre, sérieusement blessé.

– Regarde le résultat ! dit la foule en colère.

– Écoutez ! Ce n'est pas ma faute si cette méthode n'a pas fonctionné. Elle avait parfaitement fonctionné avec l'homme au fond du puits.

120. LE BOL DE LAIT

Nasreddin est invité chez un riche marchand. Celui-ci, après l'avoir interrogé sur les choses de la vie, lui propose du lait de chamelle saupoudré de cannelle.

Au moment de servir, l'hôte remplit son bol à ras bord, tandis qu'il ne sert son invité qu'à moitié.

Nasreddin commence alors à s'agiter nerveusement sur son siège, regardant de droite et de gauche, sans sembler trouver ce qu'il cherche.

– Que cherches-tu ainsi, Hodja ? Lui demande le marchand. Du sucre ? Une cuillère ?

– Non ! répond Nasreddin. Une scie. J'aimerais enlever le haut de ce bol, qui ne sert à rien...

121. LE NAUFRAGE

Alors que Nasreddin traverse le lac d'Akşehir en bateau, celui-ci, malmené par les flots, commence à prendre l'eau.

Pris de panique, tous les passagers écopent et déversent l'eau à l'extérieur. Tous, sauf Nasreddine ! Lui, au contraire, prend l'eau de l'extérieur pour la remettre à l'intérieur du bateau.

Stupéfait, le capitaine lui dit :

– Mais Nasreddine, tu es devenu fou ! Tu vas nous faire sombrer. C'est le contraire qu'il faut faire.

– Ah bon ? répond Nasreddine. Moi, pourtant, toute ma vie, on m'a appris à me mettre du côté du plus fort.

122. L'EXAMEN FINAL

Le jour de l'examen final est arrivé à la médersa de Konya où Nasreddin a étudié. C'est finalement à son tour d'être interrogé.
– Que préfères-tu, lui demande le président du jury, une seule question difficile ou deux questions faciles ?
– Une question difficile, répond sans hésiter Nasreddin.
– C'est tout à ton honneur. Écoute bien la question : Comment est venu le premier homme sur Terre ?
– En sortant du ventre de sa mère, bien sûr !
– Certainement, mais sa mère, d'où venait-elle ?
– C'est une deuxième question, je ne suis pas tenu d'y répondre.

123. LE VOYAGE DU MORT

Alors qu'il se promène tranquillement dans la ville en quête d'un moyen de se sortir de la misère dans laquelle il est tombé, Nasreddin assiste à la procession funéraire d'un de ses anciens amis.
Se lamentant sur le sort du défunt, ses proches lui adressent ces paroles :
– Malheur ! Tu vas à présent rejoindre un endroit où il n'y a ni lumière, ni eau, ni nourriture, ni feu... Quelle tristesse !
Paniqué, Nasreddin rentre en vitesse chez lui et enjoint sa femme à fermer portes et fenêtres à double tour.
Ne comprenant pas la raison d'un tel empressement, elle l'interroge.
– Vite ! Dépêche-toi ! Et cesse de poser des questions. J'ai entendu dire qu'ils voulaient amener le mort chez nous !

124. LA HACHE ET LE CHAT

Un beau jour, Nasreddin décide de partir pour la ville voisine. Au moment de quitter la maison, sa femme le voit enfermer sa hache à double tour dans une malle.
– De qui caches-tu cette hache ? demande-t-elle.
– De notre chat bien sûr !
Sa femme, évidemment surprise par sa réponse :
– Mais que pourrait bien faire notre chat avec ta hache ?
– Ma chère femme, vois comme il est excité par un morceau de foie valant à peine 2 akçe. Il deviendrait complètement fou s'il pouvait avoir cette hache en valant vingt fois plus.

125. LE MONDE APPARTIENT…

Son voisin, qui voyait chaque jour se lever Nasreddin bien après l'aube, vint le trouver.
– Tu devrais te lever plus tôt, Nasreddin ! Traîner ainsi au lit n'est pas une bonne chose. Ne dit-on pas, d'ailleurs, que le monde appartient à ceux qui se lèvent tôt ?
Et pour preuve de son discours, le voisin poursuivit :
– Vois-tu, l'autre jour, levé parmi les premiers, j'ai trouvé une bourse bien garnie que quelqu'un venait de perdre ! Si j'avais tardé comme toi, quelqu'un serait passé avant moi !
– Mais comment sais-tu qu'elle n'a pas été égarée la veille ? demanda Nasreddin.
– Parce que la veille, je suis passé très tard, et elle n'y était pas.
– Dans ce cas, celui qui l'a perdue s'était levé plus tôt que toi…

126. LE COUTEAU

À l'époque de Tamerlan, le port d'armes était strictement interdit en ville, qu'elles fussent à feu ou blanches.
En fouillant Nasreddin à l'entrée de la ville, les soldats trouvèrent un grand couteau. Menacé d'être conduit devant un juge puis condamné pour avoir enfreint la loi, Nasreddin leur dit :
– Voyons ! Je suis un lettré. Ceci me sert uniquement à gratter l'encre pour corriger les erreurs dans les livres que j'écris !
Suspicieux, le commandant des gardes lui répondit :
– Ne trouves-tu pas ce couteau un peu grand pour l'usage que tu dis en faire ?
– C'est que je ne suis pas un grand lettré ; et les erreurs que je commets, elles, sont grandes !

127. LES RETROUVAILLES

Se rendant en ville, Nasreddin reconnaît un de ses anciens amis.
– Cela me fait plaisir de te voir ! lui dit-il en le prenant dans ses bras. Mais, mon dieu, comme tu as changé ! Tu étais brun, et te voilà blond à présent !
– Mais...
– En plus, je me rappelle comme tu étais grand, et te voilà petit désormais !
– Mais...
– Et la tache que tu avais sur la joue droite ? Elle a disparu finalement !
– Mais...
– J'ai bien failli ne pas te reconnaître Mustapha !
– Mais je ne m'appelle pas Mustapha !
– Ah bon ? Tu as aussi changé de nom ?

128. LA CORDE À LINGE

Un voisin, que Nasreddin n'appréciait pas particulièrement, vint lui demander un service.
– Pourrais-tu me prêter ta corde à linge, s'il te plaît ?
– Malheureusement non, dit Nasreddin. Je suis déjà en train de faire sécher ma farine dessus.
Décidé à ne pas céder aussi facilement, le voisin renchérit :
– Mais c'est impossible ! On ne peut faire sécher de la farine sur une corde à linge.
– Tu sais, peu importe l'excuse. Quand on est décidé à ne pas prêter sa corde à linge, on peut y faire sécher n'importe quoi…

129. TROUVER LE SOMMEIL

Nasreddin Hodja avait, envers son voisin d'en face, une dette dont le terme était le lendemain. Mais il n'avait pas l'argent, et ne pouvait trouver le sommeil à l'idée de ne pouvoir honorer cette dette.
Sa femme, le voyant si agité, lui en demanda la cause.
– Ne t'en fais pas, je me charge de tout, lui dit-elle.
Elle alla à la fenêtre et appela le voisin :
– Mon mari doit te remettre cent pièces d'or demain matin ?
– Oui.
– Tu dois savoir qu'il ne pourra pas te les rendre comme promis.
Puis elle referma la fenêtre, et se tournant vers Nasreddin :
– Et maintenant, dors tranquille. C'est lui qui ne dormira plus.

130. LA RATION DE L'ÂNE

Tombé dans une pauvreté extrême, Nasreddin décida de réduire fortement ses dépenses. Il commença par la nourriture de son âne.

Il suffirait, pensa-t-il, de diminuer un peu plus chaque jour sa ration habituelle de son.

Il en fut ainsi, jusqu'au moment où l'âne, n'étant plus alimenté, mourut.

Découvrant son cadavre dans l'écurie, Nasreddin pesta contre Dieu de cette injustice.

– Oh, mon Dieu ! Pourquoi te montrer si cruel envers moi ? Me reprendre ainsi mon âne, juste au moment où il s'était habitué à ne plus rien manger ?

131. LE VINAIGRE DE QUARANTE ANS

Un voisin demanda à Nasreddin Hodja :
– Toi qui conserves les choses sans t'en débarrasser, aurais-tu du vinaigre de quarante ans ? C'est pour mettre sur le front de ma femme qui a une affreuse migraine.

Nasreddin, haussant les épaules :
– J'en ai, mais je ne t'en donnerai pas.

Le voisin, vexé de ce refus :
– Quel ami es-tu ? Qu'est-ce que cela te coûte de me donner un peu de vinaigre ?

– Si j'en avais donné à tous ceux qui m'en ont demandé, est-ce qu'aujourd'hui j'aurais du vinaigre vieux de quarante ans ?

132. LA SOUPE FROIDE

Nasreddin commande une soupe chaude à l'auberge. Mais au moment où l'aubergiste vient le servir, et avant même qu'il air posé le bol sur la table, il s'exclame :

– Rapporte ta soupe en cuisine ! Je ne mange pas de soupe froide !

Vexé de cette accusation portée avant même d'avoir trempé les lèvres dans la soupe, l'aubergiste dit à Nasreddin, assez fort pour être entendu et prendre les autres clients à témoin :

– Et comment peux-tu savoir si elle est froide ? Tu ne l'as même pas goûtée !

– Mais je vois ton doigt qui trempe dedans...

133. APPEL À L'AIDE

Réveillé brusquement en pleine nuit par des coups à sa porte, Nasreddin voit entrer sa voisine effrayée.

– Hodja, je t'en prie, viens vite à mon secours ! Deux hommes sont entrés chez nous et ils sont en train de rosser mon mari.

Amusé de la mésaventure de ce voisin qui lui était antipathique, il rétorqua :

– Écoute, chère voisine, je pense que deux hommes suffisent à tabasser ton mari. Je ne suis pas certain qu'ils aient besoin de mon aide.

134. HONORER SA DETTE

Nasreddin Hodja rencontra un commerçant à qui il devait de l'argent.

– Hodja, n'as-tu pas honte ? Pourquoi ne me paies-tu pas ?

– Combien te dois-je exactement ?

– Cinquante-cinq pièces d'argent.

– Bien. Si je t'en donne vingt-cinq demain, cela te convient-il ?

– Oui.

– Et si je t'en donne encore vingt-cinq après demain, seras-tu satisfait ?
– Assurément.
– Alors pourquoi faire toute une histoire pour cinq malheureuses pièces ! Comme tu es mesquin !

135. LA BOURSE ÉGARÉE

Sur le chemin du retour après avoir passé la matinée au marché, Nasreddin Hodja tombe sur une bourse remplie d'argent.

Tenant la bourse à bout de bras, il demande alentour à qui elle peut bien appartenir.

Un pauvre mendiant s'approche et lui dit :
– C'est la mienne !
Mais un homme riche aussitôt le bouscule :
– C'est faux, c'est ma bourse !
Nasreddin regarde l'homme et lui demande une nouvelle fois :
– Peux-tu me certifier que cette bourse est bien la tienne ?
– Bien sûr ! À qui d'autre veux-tu qu'elle soit ?
Alors Nasreddin, l'ouvrant, donne l'argent au mendiant, et rend la bourse à son heureux propriétaire.

136. LE SEL MAGIQUE

Un voisin surprend un beau matin Nasreddin en train de répandre du sel tout autour de sa maison.
– Que fais-tu, Nasreddin ? Pourquoi arroses-tu de sel le tour de ta maison ?
– Je vais te confier un secret, lui dit Nasreddin. Ce sel est magique. Il permet de maintenir les tigres à bonne distance, et de me garder en sécurité.

– Mais voyons ! Tu sais bien qu'il n'y a aucun tigre dans la région !

– Et tu ne m'en remercieras jamais assez, lui rétorqua Nasreddin.

137. EMBARRASSANT TÉMOIN

Un ami vint trouver Nasreddin pour lui demander de témoigner en sa faveur auprès du cadi.

Mais il lui demanda de dire très précisément qu'il confirmait qu'un voisin lui devait, en remboursement d'une dette contractée de longue date, deux sacs de blé.

Une fois au tribunal, le cadi demanda à se faire exposer le cas, et demanda à l'ami de Nasreddin de commencer.

– Cet homme me doit deux sacs de blé, et refuse pour le moment de me les rendre.

Le cadi, profitant de la présence d'un témoin, demanda à Nasreddin de confirmer ces dires.

– Effectivement votre Honneur ! Cet homme doit deux sacs d'orge à mon ami !

Alarmé par cette version différente, l'ami tenta de rattraper le coup :

– Excusez-le, votre Honneur, sa langue a fourché ; il voulait bien dire « deux sacs de blé »...

Agacé d'être ainsi interrompu, Nasreddin répliqua :

– Quelle importance cela fait-il, qu'il s'agisse de blé ou d'orge, du moment que c'est bien un mensonge ?

Série de 4 timbres de la Poste turque illustrant les aventures de Nasreddin Hodja.

On reconnaît en 2 Nasreddin chevauchant à l'envers sur son âne ; tandis que le timbre 3 évoque le conte 190 du présent recueil (La marmite qui enfante), et le timbre 4 se rapporte au conte 90 (Fermentation lac…tique)

138. LE PRIX DES ÂNES

Au marché aux bestiaux, Nasreddin Hodja proposait toujours des prix si peu élevés qu'aucun des autres marchands d'ânes ne pouvait le concurrencer.

Un jour, l'un d'eux vint le voir :
– Hodja, comment fais-tu pour proposer des prix imbattables, pour des ânes magnifiques et bien entretenus ? Moi, je vole le fourrage, je paie mal mes garçons d'écurie, et pourtant je n'arrive pas à vendre moins cher que toi ! Quel est ton secret ?
– Ton idée est bonne, mais tu ne résoudras pas un problème sans le traiter à la source. Mon secret, lui confia Nasreddin, je vais te le dire, tout à fait entre nous : les ânes, je les vole.

139. UN CHOIX ÉVIDENT

Nasreddin Hodja avait deux femmes, l'une vieille et laide, l'autre jeune et belle. Elles lui posèrent un jour cette question :
– Laquelle de nous deux préfères-tu ?
Le pauvre Nasreddin, embarrassé, répondit qu'il les aimait toutes les deux.
Elles insistèrent :
– Si nous étions sur une barque et tombions à l'eau, laquelle sauverais-tu ?
S'adressant à la plus âgée, il finit par dire :
– Toi, tu sais nager, n'est-ce pas ?

140. LE PRIX D'UNE GIFLE

Nasreddin Hodja déambulait, pensif, dans la rue, lorsqu'on lui asséna une forte tape sur la nuque. Il se retourna et un individu s'excusa :

– Pardon, monsieur. De dos, je vous avais pris pour un ami.

Naturellement, Nasreddin ne le crut pas et l'amena devant un juge. Le cadi se trouvait être un ami de celui qui avait frappé, ce que Nasreddin ignorait.

– Le prix d'une gifle est d'un doublon. Que celui qui t'a frappé le paie, trancha le juge.

L'homme, ayant déclaré ne pas avoir la somme sur lui, fut autorisé à aller la chercher chez lui.

Des heures passèrent, et Nasreddin comprit qu'il avait été berné. Il se leva et gifla le juge avant de lui dire :

– Excellence, paie-toi avec l'argent que l'autre doit rapporter, moi je n'ai plus de temps à perdre.

141. LES HABITS TROUÉS

Un soir d'hiver, Nasreddin croise un riche notable emmitouflé dans ses vêtements.

– Dis-moi, Nasreddin, comment se fait-il que j'aie si froid dans mes fourrures, alors que toi, dans tes haillons en lambeaux, tu sembles ne pas craindre le froid ?

– C'est que, vois-tu, mon ami, mes habits sont troués. Donc le vent, qui rentre par un trou, trouve toujours un autre trou pour ressortir et ne pas s'attarder.

Convaincu, l'homme accepta d'échanger ses habits avec ceux de Nasreddin.

142. LES DATTES

Un soir, alors qu'il commence à faire nuit et qu'il rentre chez lui, Nasreddine décide de manger quelques dattes qu'il a achetées au marché.

Il en mange une, deux, trois, une dizaine... Elles sont délicieuses.

Arrivé chez lui, il allume une bougie et décide de continuer à manger. Mais en ouvrant la première datte, il aperçoit un ver dedans. De dégoût, il jette la datte et en prend une autre.

La seconde, véreuse elle aussi, connaît le même sort ; ainsi que la troisième et la suivante.

– Si ça continue, dit-il, c'est tout le paquet qui sera perdu. Il faut faire quelque chose !

Alors, il éteint la lumière, prend une nouvelle datte, et recommence à manger dans le noir.

143. RETROUVER SON ÂNE

S'étant rendu dans la ville voisine pour affaires, Nasreddin, considérant l'heure tardive, résolut de prendre une chambre pour la nuit.

Le lendemain, levé le premier parmi tous les clients de l'hôtel, il se rendit à l'écurie pour récupérer son âne. Mais comment le reconnaître parmi tant d'autres semblables ?

Il se mit alors à crier :

– Au feu ! Au feu ! L'écurie est en feu !

Tous les clients, réveillés en sursaut, se précipitèrent pour récupérer chacun son âne. Le seul qui restait était bien celui de Nasreddin.

144. DERNIÈRE VOLONTÉ

Afin de tester la loyauté de Nasreddin à son égard, Tamerlan lui demanda un jour :

– M'aimes-tu assez pour mourir pour moi ?

En guise de réponse, Nasreddin demanda à Tamerlan de le mettre à l'épreuve, ce que fit ce dernier en lui ordonnant d'aller se jeter dans le lac.

– Je le ferai, répondit Nasreddin, mais selon la tradition, vous devez m'accorder une dernière volonté.

– Accordé, dit Tamerlan. Dis-moi ce que tu souhaites, et j'exaucerai ton désir.
– J'aimerais apprendre à nager !

145. LE ROSSIGNOL

Enfant, Nasreddin Hodja fut surpris à manger des figues dans l'arbre qu'il avait escaladé. Aussitôt, le propriétaire du verger lui demanda :
– Qui es-tu ? Que fais-tu dans mon arbre ?
– Je suis un rossignol, lui dit Nasreddin.
– Si tu es vraiment un rossignol, répondit le propriétaire, alors fais-nous entendre ton chant.
Nasreddin, sifflant de son mieux, tenta en vain d'imiter l'oiseau.
– Quel étrange rossignol tu fais ? dit ironiquement l'homme. Un rossignol ne chante pas comme ça !
– Effectivement, répondit Nasreddin. Mais je n'ai pas prétendu être un rossignol expérimenté.

146. LE PORTRAIT DE SON PÈRE

Nasreddin Hodja n'était pas très beau, prétendent certains. Aussi, sa femme, à la veille d'accoucher de son premier enfant, craignait qu'il ne ressemblât à son père.
La voyant préoccupée, Nasreddin lui demanda la raison de ce tourment. Elle finit donc par lui avouer :
– Dieu ne t'a pas fait bien beau. Ce serait grand malheur que notre enfant, si c'est un fils, soit tout ton portrait.
– Ô Fatima ! Qu'il me ressemble ne serait qu'un petit malheur. Ce qui serait un grand malheur, en revanche, c'est qu'il ait la tête de notre voisin.

147. SIMPLE IDIOT

Un jour, Nasreddin alla au moulin pour faire moudre son blé. En attendant son tour, il se mit à prendre des poignées de grains d'autres sacs pour les mettre dans le sien.

Le meunier remarqua le manège et se mit à crier :
– Qu'est-ce que tu fais exactement ?
– Mille excuses ! répondit Nasreddin. Vois-tu, je ne suis qu'un simple idiot, et fais ce qui me passe par la tête sans trop comprendre.
– Vraiment, rétorqua le meunier. Alors comment se fait-il que tu ne prennes jamais du blé de ton propre sac pour le mettre dans celui des autres ?
– Vois-tu, dit calmement le Hodja, si je faisais cela, je serais un véritable idiot.

148. LA PEUR BLEUE

Une mère amène son jeune fils à l'école où enseigne Nasreddin.
– Mon enfant se conduit très mal, explique-t-elle. Fais-lui peur, afin qu'il retienne la leçon et ne recommence pas !

Nasreddin reste silencieux un long moment, puis soudainement, prend une posture monstrueuse : ses yeux lancent des éclairs, ses bras s'agitent, sa langue pend sur le côté de sa bouche baveuse. Le Maître rebondit dans tous les sens et soudain s'enfuit par la porte.

La femme s'évanouit.

Quand plus tard elle reprend ses esprits, il s'écoule quelques instants avant que Nasreddin ne revienne enfin, à pas feutrés, l'air grave.
– Je t'avais demandé de faire peur à mon fils, pas à moi ! Reproche la maman.

– N'as-tu pas remarqué que je me suis fait peur aussi ? s'étonne Nasreddin. Quand le danger menace, il menace tout le monde.

149. L'ANNONCE DU SULTAN

Un jour, le Sultan fait annoncer à grand renfort de trompes qu'il donnera sa fille à épouser, des coffres remplis d'or et d'immenses terres à l'homme qui portera un message à son frère.

Car depuis quelque temps, le nord du pays, au-delà duquel réside ce dernier, est en proie à une violente rébellion qui a déjà dégénéré en guerre civile. À ce danger déjà extrême, s'ajoute la traversée de territoires dangereux, couverts de marais, de forêts où les brigands tuent quiconque tombe entre leurs mains, de montagnes que l'on dit habitées par des monstres maléfiques et des fantômes...

Dès qu'il entend ça, Nasreddin se précipite hors de sa maison, court comme un fou, bouscule tout le monde dans les rues, renverse les étals du marché, arrive au palais, et y écarte furieusement les gardes, monte l'escalier, se rue sur la salle d'audience où siège le Sultan, y bouscule à nouveau la masse des courtisans pour parvenir au pied du trône le bras levé et l'index tendu en hurlant :

– Sultan ! Pas moi ! Pas moi !

150. LE FRUIT DU POMMIER

Nasreddin Hodja plantait un pommier dans son jardin quand le sultan vint à passer. Ce dernier s'arrêta et dit d'un ton moqueur :

– Voyons, Nasreddin ! Pourquoi te donnes-tu tant de peine ? Tu ne mangeras jamais les fruits de ce pommier.

Tu sais bien que tu mourras avant qu'il ne commence à produire des pommes.

Ce à quoi Nasreddin répondit :
– Sultan ! Nous mangeons les fruits des pommiers plantés par nos pères, et nos enfants mangeront les fruits des pommiers plantés par nous.

Cette réponse pleine de sagesse plut au sultan qui, en récompense, donna une pièce d'or à Nasreddin.
– Oh, Sultan ! dit celui-ci en empochant la pièce, voyez comme ce pommier a déjà donné ses premiers fruits.

Cette remarque amusa le sultan, qui lui donna une autre pièce d'or.
– C'est de plus en plus extraordinaire, s'écria Nasreddin. Voilà à présent un pommier qui donne deux récoltes par an ! N'ai-je pas eu raison de le planter ?

151. CONVERSATION AVEC SOI-MÊME

S'étonnant de le voir parler seul tandis qu'il marche dans la rue, un habitant du village interroge Nasreddin :
– Pourquoi parles-tu ainsi seul, comme un fou ?

Sans daigner lui prêter grande attention, Hodja répond :
– J'ai toujours aimé converser avec des gens intelligents. Or il se trouve que je n'en ai pas trouvé d'autres dans ce village.

152. LE BANQUET

Une riche personnalité du village donnait un grand banquet et Nasreddin n'y avait pas été convié. Il se présenta néanmoins, alla trouver l'hôte et lui dit :
– Je suis juste venu t'avertir que certains, au village, racontent qu'il n'y a pas plus avare que toi.

– Moi avare ! Si je l'étais, est-ce que je donnerais ce banquet ?

– Me voilà rassuré, dit Nasreddin, les gens qui parlent ainsi ne sont que des mauvaises langues, jaloux de ta prospérité. Quant à moi, je n'ai jamais douté de ta générosité, et je ne manquerai pas de les démentir.

Et il alla tranquillement s'asseoir à une des tables pour profiter du banquet.

153. CONVERSATION AVEC LE BŒUF

Dans le pré, un bœuf se mit à mugir. Pour se moquer de Nasreddin, les enfants lui dirent :

– Oh ! Nasreddin, ton frère t'appelle !

Nasreddin partit donc voir le bœuf, avec lequel il sembla échanger brièvement quelques mots. Comme il revenait, les enfants, stupéfaits, demandèrent :

– De quoi parliez-vous ?

– Oh, il m'a juste demandé qui étaient les ânes qui faisaient tant de bruit.

154. LE JOUR DE MA MORT

En se rendant au palais de Tamerlan, Nasreddin vit un de ses gardes bastonner un innocent.

– Tu ne l'emporteras pas au paradis, lui dit Nasreddin. D'autant qu'en consultant le marc de café ce matin, j'y ai vu ta mort prochaine.

Il advint que le bourreau mourut deux jours plus tard, renversé par une calèche qui roulait à vive allure dans les rues de la ville.

Mis au courant de la situation, Tamerlan, affecté par cette mort, décida de mettre le Hodja à mort. Encadré par deux gardes, il fut présenté au souverain qui lui dit, amusé :

– Puisque tu as de si grands pouvoirs de divination, tu as dû prévoir le jour de ta propre mort ?

– Ce sera pour aujourd'hui, répondit Nasreddin, guère troublé par cette sentence.

Puis il ajouta :

– J'ai aussi vu dans le marc de café que la tienne est prévue le lendemain de la mienne.

Et c'est ainsi que, mécontent, mais prudent, Tamerlan demanda aux gardes de baisser leur sabre et laissa la vie sauve à Nasreddin.

155. LES CHOUX

Un jour, Nasreddin vola quelques choux dans un jardin, en remplissant tout un sac. À ce moment-là, le propriétaire le surprend.

– Hodja ! Que fais-tu dans mon jardin ? demanda-t-il.

– Vous vous souvenez de l'orage qui a éclaté il y a quelques minutes. C'est lui qui m'a jeté ici.

– Mais pourquoi as-tu arraché ces choux ?

– Alors que je m'y accrochais pour ne pas être emporté par la tempête, ils ont été arrachés.

– Bien. Et pourquoi les avoir mis dans votre sac ? demanda le jardinier suspicieux.

– Eh bien ! Ça... C'est justement ce que je me demandais juste au moment où vous êtes arrivé.

156. UNE DISPUTE NOCTURNE

Un soir que Nasreddin dormait déjà, une violente dispute éclata sous sa fenêtre.

Réveillant sa femme pour qu'elle lui apporte une couverture, il sortit dans la rue, les épaules couvertes.

Il n'a pas plus tôt mis le nez dehors qu'un des deux individus s'empare de sa couverture et se sauve.

Gelé, tremblant de froid, Nasreddin rentre chez lui, où sa femme, qui l'attendait, lui demande la raison de cette dispute :

– C'était pour notre couverture ! La preuve, dès qu'on me l'a prise, les cris ont cessé.

157. CACHÉ DANS LE PLACARD

Une nuit, un voleur tenta de s'introduire chez Nasreddin. Celui-ci se leva, descendit sur la pointe des pieds, ouvrit un placard et s'y cacha.

Sa femme, comprenant qu'il voulait ainsi attendre le voleur pour le surprendre, resta à l'étage sans bouger.

Mais sa visite terminée, le cambrioleur repartit comme il était venu, sans être inquiété.

Furieuse, elle descendit à son tour, ouvrit le placard, et demanda :

– Incapable ! Pourquoi donc n'as-tu rien fait ? Le voleur est parti à présent.

– Je le sais bien, mais j'avais honte, et ne pouvais pas bouger.

– Honte de quoi ?

– Honte… qu'il n'y ait rien à voler chez nous.

158. LA FUMÉE DE LA VIANDE

Alors qu'il s'apprêtait à manger un des pains que sa femme lui avait donnés pour le voyage, Nasreddin vit un vendeur ambulant dont le four cuisait de la bonne viande et répandait odeur et fumée alentour.

Trouvant soudain l'idée de manger son pain seul un peu austère, il le brandit dans le fumet qui sortait du four, pour l'imprégner du délicieux fumet.

Au moment où Nasreddin allait croquer dans le pain, le marchand exigea d'être payé.

– Comment ? Tu ne voudrais tout de même pas que je paie pour de la fumée ?

Mais le marchand n'en démordait pas, et insistait. Nasreddin, de guerre lasse, jeta une pièce sonnante à terre. Et tandis que le marchand se baissait pour la ramasser, il mit le pied dessus.

– Pour la fumée de la viande, le bruit de l'argent suffit !

159. L'ÂNE MAUDIT

Nasreddin, qui venait d'acheter un âne, rentrait chez lui en le traînant à sa suite.

Sur le chemin, deux voleurs l'attendaient. L'un des deux détacha l'âne sans que le Hodja s'en aperçoive, et prit sa place en se passant la bride.

Quand il arriva à la maison, Nasreddin, stupéfait, constata la métamorphose.

– Qui es-tu ? demanda-t-il.

– J'ai fait beaucoup de bêtises dans mon enfance et ma mère, qui est une sorcière, m'a puni en transformant en âne pour une période de vingt ans. Cette période vient juste de se terminer. Laisse-moi rentrer chez moi, je te prie, dit le voleur.

Touché par cette histoire, Nasreddin le relâcha en lui demandant de ne plus recommencer.

Le lendemain, il se rendit au marché pour acheter un autre âne, et retrouva avec surprise celui qu'il avait acheté la veille.

Alors, il s'approcha de lui et lui dit à l'oreille :

– Ah ! Toi, tu as encore fait des bêtises. Mais cette fois, je jure que je ne t'achèterai pas !

160. CONDAMNATION À MORT

Le sultan, lassé d'entendre dire partout que Nasreddin se moquait de lui et qu'il devenait la risée de son peuple, l'envoya chercher.
– Nasreddin ! lui dit-il. Cette fois, tu as dépassé les bornes, et je te condamne à mort !
La nuque inclinée, courbé devant le souverain, Nasreddin trouva toutefois la force de dire :
– Seigneur, qu'il en soit donc ainsi. Néanmoins, j'aimerais te demander une dernière faveur.
Désireux de se comporter en grand homme, le sultan lui accorda cette dernière volonté.
– Très bien ! Ce sera donc la dernière : je te laisse le choix de ta mort.
– Merci, votre Altesse ! Dans ce cas, je voudrais mourir de vieillesse.
Le sultan ne put que respecter son engagement et s'amuser de tant d'esprit.

161. DONNEZ-MOI UNE CORDE !

Nasreddin est invité par un ami à prendre le thé sur sa terrasse. Pour faire croire aux voisins qui les observaient depuis la leur qu'il était généreux, ce dernier donna à Nasreddin un très grand verre, mais qui ne contenait qu'un doigt de thé.
– Donnez-moi une corde pour que je l'attache à ma taille, s'écria le Hodja, assez fort pour que les voisins l'entendent.
– Tu perds la raison, Nasreddin, dit son ami.
– Au contraire ! Si je tombe au fond du verre, comment m'en sortirai-je sans corde ?
Ayant compris l'allusion, son ami lui amena cette fois-ci un tout petit verre qu'il remplit à ras bord.

– Donnez-moi une corde pour que je l'attache au verre, s'écria à nouveau Nasreddin.
– Cette fois, tu es complètement fou, dit son ami.
– Mais... Si j'avale le verre, dit Nasreddin devant l'assistance hilare, comment ferai-je alors pour le sortir de mon estomac ?

162. POURBOIRE AU HAMMAM

Un jour, Nasreddin alla au hammam, mais on ne le traita pas comme il l'aurait souhaité : on lui donna un vieux peignoir, une serviette élimée, un bout de savon ridicule. Il n'eut même pas droit à une friction.

Pourtant, en partant, il ne dit rien et donna à chacun des hammamjis une pièce d'or.

Une semaine plus tard, revenu dans le même établissement, il fut reconnu et accueilli le mieux du monde. Il eut droit aux plus belles serviettes, au savon parfumé, on l'installa dans la pièce la plus agréable, on le massa...

À son départ, aux serviteurs qui s'alignèrent et se prosternèrent jusqu'à terre, il ne laissa qu'un misérable pourboire.

– Ceci, dit-il, c'est pour la dernière fois. Pour aujourd'hui, payez-vous avec les pièces d'or que je vous ai déjà données.

163. COMPTER LES JOURS

Le jeûne du ramadan dure trente jours. Cette année-là, pour compter les jours, Nasreddin Hodja décida de mettre un caillou chaque soir dans une jarre.

Sa fille, croyant à un jeu, mit un beau matin une poignée de cailloux dans le récipient à l'insu de son père.

Le vingt-cinquième jour du mois, des fidèles demandèrent à Nasreddin où l'on en était du jeûne.

– Un moment, leur dit-il.

Il alla chez lui, renversa la jarre et se mit à compter. Il y avait 125 cailloux. Il recompta... toujours 125 ! Trouvant ceci bizarre, il décida de donner un chiffre plus raisonnable.

Arrivé devant les fidèles, il leur déclara :

– Aujourd'hui, nous sommes le quarante-cinquième jour du ramadan.

Ils éclatèrent tous de rire.

– Comment est-ce possible ? Le jeûne dure trente jours !

Sommé de s'expliquer, Nasreddin bredouilla :

– Et encore, je suis modeste. D'après le décompte officiel, nous en serions au cent vingt-cinquième jour...

164. LE POIDS DU CHAT

Nasreddin va au marché et achète un gigot de trois livres. Il rentre chez lui et donne la viande à sa femme, en lui demandant :

– Voici la viande pour le déjeuner. Fais-la cuire à point, comme je l'aime !

En son absence, celle-ci fait cuire le gigot. Revenant de voyage, son frère, affamé, frappe à la porte. Tous deux se mettent à table et finissent par manger tout le gigot.

De retour après le départ de son beau-frère, Nasreddin, alléché, dit :

– Ça sent bon ! Où est la viande que j'ai achetée ?

– Malheureusement, le chat a tout mangé pendant que j'étais occupée à faire le ménage, répond sa femme.

Nasreddin court après le chat, l'attrape et le met sur le plateau de la balance : il constate alors qu'il pèse trois livres.

– Scélérate, crie-t-il à sa femme. Si les trois livres sont de la viande, où est le chat ? Et si c'est le poids du chat, où est la viande ?

165. ET POURQUOI PAS ?

Assis sur le bord de la route, Nasreddin dévorait un gros gâteau. Un voyageur vint à passer, qui le salua aimablement :
– Assalamu alaykum !
Mais au lieu de la réponse attendue, il ne reçut, de la part de Nasreddin, qu'un « Et pourquoi pas ? ».
– Quelle étrange réponse ! Est-ce une façon de saluer un étranger ? s'étonna le voyageur.
– Écoute, lui répondit Nasreddin. Si je réponds à ton salut, tu vas me demander des nouvelles de ma santé, puis de ma femme, de mes enfants ; vouloir savoir s'ils sont pieux et s'occupent bien de leur vieux père, etc. À mon tour, je devrais m'enquérir des nouvelles de chez toi, nous allons discuter, puis sympathiser, et immanquablement viendra le moment où tu me demanderas de partager mon gâteau. Et comme je ne veux pas et que tu ne te satisferas pas de cette réponse, tu me demanderas « Et pourquoi donc ? ». Et je te répondrai « Et pourquoi pas ? ». Pour nous éviter de perdre notre temps, je t'ai donc donné directement le mot de la fin. Mais en idiot que tu es, tu as insisté, et nous voilà tout de même à perdre notre temps...

166. LA CRUCHE DES DANAÏDES

La femme de Nasreddin l'envoie chercher de l'eau au puits. Celui-ci, de mauvaise grâce, prend le premier récipient qui lui tombe sous la main, une vieille cruche qui traîne sur le pas de la porte.
Parvenu au puits, il a beau y verser des dizaines de seaux, celle-ci ne semble pas vouloir se remplir.
Après un très long moment, impatiente de ne pas le voir revenir, sa femme part le retrouver, et le voit gesticuler en tous sens.

– Alors, il t'en faut du temps pour me ramener cette cruche !

– C'est que, vois-tu, j'ai pris une cruche si grande que je ne suis toujours pas parvenu à la remplir.

Sa femme, s'approchant, constate que la cruche est cassée en bas.

– Regarde, idiot ! lui dit-elle. Ta cruche n'a même pas de fond !

– Tu n'y connais rien ! Le fond n'a rien à voir là-dedans. C'est par le haut que l'on sait si une cruche est pleine.

167. LE BOITEUX

Un boiteux, venu voir Nasreddin, lui demanda :

– Hodja, pourrais-tu faire quelque chose pour que je ne boite plus ?

– Je ne suis pas médecin ! s'exclama Nasreddin.

– Mais j'ai déjà vu tous les médecins, dit le boiteux.

– Et que t'ont-ils dit ?

– Ils ne cessent de me répéter que je n'ai rien et qu'il n'y a aucune raison que je boite.

Nasreddin prit sa longue barbe dans sa main et sembla se concentrer, puis lui demanda :

– Marche un peu pour voir.

Le boiteux se déplaça, clopinant de la jambe droite.

– Fais voir ton pied ! lui dit Nasreddin.

Le boiteux ôta sa chaussure, révélant une énorme écharde fichée dans le gros orteil.

– Tu as une écharde dans le pied ! Il est normal que tu boites.

– Comment peux-tu savoir ? Tu n'es pas médecin. Et puis, ce n'est pas une écharde ! C'est mon pied ! Il est comme cela depuis années !

168. À L'ASSAUT !

Un soir d'hiver, tous les habitants du village étaient réunis au café. Chacun racontait une aventure qui lui était arrivée : qui de chasse, qui amoureuse, qui de guerre... Vint le tour de Nasreddin.
Il commença ainsi :
– C'était durant la dernière guerre... Nous étions encerclés par l'ennemi. Comme il n'y avait plus rien à faire, le capitaine nous donna l'ordre de dégainer notre épée et de nous lancer à l'assaut de l'ennemi.
Les paysans, alléchés par ce début qui laissait augurer une suite héroïque, étaient tout ouïe. Mais Hodja resta muet et ne poursuivit pas l'histoire. On lui demanda :
– Et après, qu'as-tu fait ?
– Après, nous avons attaqué et j'ai coupé les jambes à tous ceux qui se trouvaient sur mon chemin.
– Mais pourquoi leur couper la jambe alors que tu pouvais leur trancher la tête et les tuer ?
– Que voulez-vous, mes amis, ceux qui me précédaient l'avaient déjà fait.

169. LA VISITE DU PHILOSOPHE

La renommée de Nasreddin Hodja grandissant dans le pays, un célèbre philosophe voulut discuter avec lui pour confronter leurs points de vue sur le monde.
Il prit rendez-vous, et se rendit le jour prévu chez le Hodja. Mais il n'y trouva personne.
Furieux que l'on puisse à ce point offenser sa personne, il se saisit d'un morceau de craie et écrivit sur la porte de Nasreddin : « *Idiot stupide* ».
De retour chez lui, celui-ci vit les mots sur la porte, et se rendit en toute hâte chez le philosophe.
– Veuillez m'excuser, lui dit-il, j'avais oublié que vous deviez me rendre visite. Mais naturellement, je m'en suis

souvenu immédiatement dès que j'ai vu que vous aviez laissé votre nom sur la porte !

170. LE PRIX DU TRANSPORT

Nasreddin, qui avait mis de côté des objets qui ne lui servaient plus, les mit dans un sac pour les vendre au marché. Il loua les services d'un portefaix pour acheminer ce lourd fardeau sur la place du marché.

Mais perdu au milieu de la foule, dans les ruelles pleines de monde, il perdit de vue le porteur. Après l'avoir cherché en vain, il rentra chez lui.

Quinze jours plus tard, en se rendant à nouveau au marché, il se trouva nez à nez avec le porteur. À cette vue, il sursauta et s'enfuit précipitamment.

Au village, avertis de cette affaire, les paysans demandèrent à Nasreddin la raison de sa fuite.

– Qu'avais-tu donc à craindre ?

– Mais voyons, mes amis, comment pouvais-je ne pas fuir ? Je n'avais pas les moyens de m'acquitter de quinze jours de transport si le bonhomme me l'avait réclamé !

171. L'AGITATION DES FOULES

C'est jour de marché à Akşehir. Il y a sur la place, comme d'habitude, une forte affluence de gens qui vont, viennent, parlent fort, gesticulent, heureux de faire de bonnes affaires et de rencontrer des amis.

Nasreddin Hodja, qui était venu pour se reposer, comprend mal que l'on puisse à se point s'agiter sous cette chaleur.

Se mêlant à la foule, il déambule avec les autres, se laissant porter par le courant, lorsqu'il découvre par terre une petite pièce de monnaie.

Aussitôt, il la ramasse et monte sur l'étal le plus proche :
– Holà ! Vous tous, crie-t-il en brandissant la pièce, cessez de vous agiter ainsi, je l'ai trouvée !

172. LA RELATIVITÉ DES CHOSES

Nasreddin et un de ses amis sont assis, un soir, au bord du lac d'Akşehir. L'homme a déjà entendu le Hodja soutenir bon nombre de paradoxes et même d'inepties, et il commence à en avoir assez.
– Enfin, Nasreddin, tu exagères ! La réalité est une vérité, tu ne peux le nier tout de même.
– Certes, concède le Hodja, mais elle est très relative...
– Pas du tout, elle est absolue !
Pas totalement convaincu, le Hodja insiste :
– Donne-moi un exemple d'une telle réalité.
– Eh bien, je ne sais pas... Tiens, tu ne vas quand même pas prétendre qu'on pourrait mettre toute l'eau de ce lac immense dans un seau !
– Eh bien, si, justement ! Cela dépend de la taille du seau.

173. LA CUILLÈRE EN ARGENT

Invité à un banquet à la cour du sultan, Nasreddin, devant tant de luxe, fut pris de l'envie subite de voler une petite cuillère en argent. Mais, placé face au sultan, il ne pouvait céder à la tentation sans se faire remarquer.
Au même moment, à l'autre bout de la table, à l'abri des regards, il aperçut le vizir qui, discrètement, déroba une cuillère et la glissa dans poche.
Alors, se levant calmement, et aux yeux de tous, Nasreddin s'empara d'une cuillère et la glissa lui aussi dans sa poche.

Outré de son audace, le sultan vociféra :
- Comment oses-tu me voler ainsi, sous mon nez ?
- Il y a méprise, votre Excellence ! dis Nasreddin. Il ne s'agit pas d'un vol, mais d'un tour de magie destiné à vous remercier de vos largesses et de ce délicieux repas. D'ailleurs, à l'heure où nous parlons, la cuillère a déjà traversé la salle pour se retrouver dans la poche du vizir, comme vous pourrez le constater.

174. LA VOIX DE NASREDDIN

Parti tôt le matin pour se rendre aux bains (hammam), Nasreddin se trouva le seul client de l'établissement. Rapidement gagné par l'ennui, il se mit à chanter.

Sa voix, répercutée par l'acoustique des voûtes, lui parut admirable.

- Quelle magnifique voix ! Quel dommage de n'en pas faire profiter le monde entier

En sortant des bains, il gravit le premier minaret qu'il croisa, et se mit à pousser de la voix, bien qu'il ne fut pas l'heure de la prière.

Un croyant, qui passait et entendit le massacre, lui lança :

- Que fais-tu, idiot ? Il n'est pas l'heure de l'appel, et de plus tu déranges tout le voisinage avec cette horrible voix !

Vexé, Nasreddin lui répondit :

- Aaah ! Si quelqu'un avait eu la bonne idée de construire un hammam en haut de ce minaret, tu me parlerais autrement en entendant la belle voix qui est la mienne !

175. LA TRAVERSÉE DU FLEUVE

Nasreddin, devenu passeur sur le fleuve, faisait traverser les voyageurs sur sa petite barque.

L'un d'eux, grand lettré accompagné de sa caisse de livres, entama la conversation durant le trajet. Mais il s'aperçut rapidement que Nasreddin ne s'exprimait pas assez correctement à son goût.

– Toi, mon ami, tu n'as pas dû faire des études bien longues !

– Non... répondit Nasreddin un peu honteux.

– Et bien, sache, mon ami, que tu as perdu la moitié de ta vie.

Vexé, Nasreddin continua de ramer, sans plus prononcer un mot.

Parvenu au milieu du fleuve, l'esquif fut chahuté par le courant, qui finit par le renverser. Au voyageur qui se débattait dans les flots, Nasreddin lança :

– J'espère que tu sais nager, mon ami ?

– Nooon ! avoua le lettré qui tentait de ne pas sombrer.

– Alors, mon ami, sache que ce n'est pas la moitié de ta vie que tu as perdue, mais ta vie tout entière !

176. LA FIN DU MONDE

Nasreddin Hodja avait une très belle chèvre. Un jour, pour lui jouer un mauvais tour, des plaisantins lui firent cette proposition :

– Dans quelques heures, ce sera la fin du monde. Que feras-tu de ta chèvre ? Pourquoi ne pas aller la faire rôtir à la campagne et profiter ainsi tous d'un bon repas ?

Nasreddin fit la sourde oreille. Mais ils revinrent à la charge et, cette fois, il se laissa convaincre.

Ils se rendirent tous dans un pré, ramassèrent du bois mort, puis la bande décida d'aller se baigner, laissant à Nasreddin le soin de la cuisson et la garde des vêtements.

Alors, Nasreddin prit un à un les vêtements et les jeta au feu pour l'alimenter. Lorsque les autres revinrent, ils s'enquirent de leurs effets.

– Je les ai jetés au feu pour raviver la flamme, dit Hodja. La viande n'en sera que meilleure !

Ils se ruèrent sur lui en vitupérant. Mais sans se départir de son calme, il leur lança :

– Voyons, les amis ! Quelle importance cela a-t-il ? La fin du monde ne doit-elle pas arriver dans quelques heures ?

177. L'ÂGE DES CHOSES

En pèlerinage dans la capitale, Nasreddine et un groupe de pèlerins sont promenés à travers la ville pour voir les plus célèbres monuments des empires qui précédèrent la dynastie du sultan.

Arrivée devant un tombeau, le guide leur dit :
– Ce tombeau est celui d'un roi vénérable, mort il y a deux mille ans !

Nasreddin, muet jusque-là, dit alors :
– Depuis deux mille trois ans exactement !

Les pèlerins sont impressionnés, mais le guide goûte peu cette intervention.

Plus tard, devant un mur en ruine, ce dernier annonce :
– Ce mur est tout ce qu'il reste d'un ancien palais, bâti il y a trois mille cinq cents ans !

De nouveau, en arrière du groupe, la voix de Nasreddin corrige :
– Trois mille cinq cent trois ans...
– Mais enfin, s'emporte le guide ! Comment peux-tu être aussi catégorique concernant des antiquités aussi vieilles ? Nul ne peut dater exactement l'âge de ces vieilles pierres !
– C'est pourtant simple : je suis déjà venu il y a trois ans, et tu disais alors que ce mur avait trois mille cinq cents ans...

178. LES REGISTRES FISCAUX

Tamerlan souhaita examiner les registres fiscaux de la ville. Le collecteur des impôts fut convoqué et on lui demanda de comparer les revenus avec les registres. Mais le fonctionnaire fut incapable de satisfaire le souverain, qui ordonna aussitôt :
– Faites-lui donc manger les registres fiscaux !

Les chambellans déchirèrent les livres en menus morceaux et les présentèrent à l'ex-fonctionnaire pour qu'il les mange jusqu'au dernier. Tamerlan nomma ensuite Nasreddin nouveau collecteur des impôts.

Le temps passa, et Tamerlan voulut de nouveau examiner les performances de l'officier fiscal nouvellement nommé.

Nasreddin, qui avait été peu dévoué à sa tâche, fut convoqué, et le voilà qui se présente avec, entre les mains, une pile de galettes.
– Quelle insolence ! dit Tamerlan, en colère. Il t'a été demandé de venir avec les registres fiscaux !

Ce à quoi Nasreddin répondit, en montrant les lignes de comptabilité tracées sur les galettes :
– Votre Éminence, ce sont les livres fiscaux. Voulez-vous que je les mange ?

179. L'EXCUSE ET LA FAUTE

Un jour, le sultan demanda à Nasreddin :
– Dis-moi, toi qui es sage. On nous apprend à toujours présenter nos excuses après avoir commis une faute ; c'est le signe d'une parfaite éducation. Aussi, comment expliques-tu le dicton qui dit que « certaines excuses sont pires que la faute » ?

Nasreddin réfléchit, mais au lieu de la réponse souhaitée, il demanda à pouvoir profiter de la nuit avant de se prononcer.

Le lendemain, tandis que le sultan sortait de son palais, quelqu'un lui sauta au cou et l'embrassa sur la bouche.

Saisi par les gardes et mis à genoux devant le sultan, celui-ci reconnut Nasreddin.

– Malheureux, comment oses-tu te conduire ainsi ?
– Mille excuses, votre Altesse ! répondit Nasreddin. Je vous avais pris pour votre épouse.
– Mais c'est encore bien pire dans ce cas. Qu'on l'exécute sur-le-champ !
– Pitié Seigneur, c'est vous-mêmes qui avez exigé que je vous explique le dicton « certaines excuses sont pires que la faute ».

180. L'ÂNE SAVANT

Dans une conversation avec Tamerlan, Nasreddin Hodja commença à vanter les mérites de son âne :
– Il est tellement intelligent que je peux tout lui apprendre, même à lire.

Heureux de pouvoir s'amuser aux dépens de ce prétentieux, Tamerlan lui dit :
– Va, et apprend lui à lire. Je te donne trois mois, pas un jour de plus.

De retour chez lui, Nasreddin commença l'apprentissage avec son âne. Il mit sa nourriture habituelle entre les pages d'un gros livre et lui apprit à tourner les pages avec sa langue pour la trouver. Il cessa de le nourrir trois jours avant le terme de trois mois fixé par Tamerlan.

De retour avec son âne devant Tamerlan, il lui demanda un gros livre et le posa devant l'âne affamé. Ce dernier entreprit de tourner les pages avec sa langue et, ne trouvant rien, se mit à braire.

– C'est sûrement une étrange manière de lire, dit Tamerlan.

– Oui, rétorqua Nasreddin, mais c'est ainsi que lisent les ânes.

181. LE MIROIR

Tamerlan n'était pas seulement boiteux, il était également borgne et d'une repoussante laideur. Un jour qu'il a confié sa tête à raser à son barbier, il devise de choses et d'autres avec Nasreddin.

Quand le barbier a terminé, il lui présente un miroir. Mais à peine Tamerlan s'y est-il regardé qu'il éclate en sanglots.

Aussitôt Nasreddin, à son exemple, se répand en pleurs, poussant soupirs et gémissements. La scène de lamentation dure une bonne heure.

Finalement, Puis Tamerlan se reprend et sèche ses larmes, tandis que Nasreddin continue à sangloter à ses côtés.

– Mais enfin, qu'as-tu ? lui demande Tamerlan étonné. Moi, si j'ai pleuré, c'est que je me suis trouvé vraiment laid. Toi, qu'est-ce qui te met dans cet état ?

– Sauf ton respect, Seigneur, tu t'es regardé un bref instant dans un miroir, et cela t'a suffi pour pleurer une heure durant ; mais moi, qui te vois à longueur de journée, n'ai-je pas de quoi pleurer plus longtemps ?

182. UN RÉGIME EFFICACE

Avant de s'installer à Akşehir, Nasreddin Hodja avait autrefois exercé la médecine. Un jour, un homme obèse vint le trouver.

– Vois-tu, Hodja effendi, à cause de mon ventre énorme, je ne peux plus respirer, je marche avec difficulté. Il faut absolument me trouver un remède.

Nasreddin examina l'homme un long moment, puis déclara sur un ton triste :

– Hélas pour toi, je ne peux plus rien. Ta maladie n'a pas de remède efficace. Dans un mois, tu seras mort.

Rentrant chez lui, désespéré et ne songeant plus qu'au repos de son âme, l'homme se plongea dans la prière, au point d'en oublier de s'alimenter.

Au bout d'un mois, comme il ne se passait rien et qu'il était toujours vivant, il retourna voir Nasreddin, en colère cette fois-ci :

– Espèce de charlatan ! À cause de toi, je viens de vivre un mois d'angoisse que je ne suis pas prêt d'oublier, et cela pour rien !

– Comment ça, pour rien ? Regarde ton ventre, il a disparu. Et surtout, pense à me payer le prix de la consultation !

183. LA SOURIS

Depuis sept ans déjà, Nasreddin Hodja avait un disciple qui l'accompagnait partout pour profiter de sa science. Mais un jour, celui-ci lui dit :

– Maître ! Voilà sept ans que je vous suis fidèle. Je fais absolument tout ce que vous me demandez, et pourtant vous n'avez jamais daigné me confier le moindre secret.

– Tu n'es pas encore mû pour garder un secret, lui répondit Nasreddine.

Vexé de ce peu de considération, le disciple insista :

– Si vous me donnez un secret, je jure que je saurai le garder.

– Bien, dit Nasreddin. Ce soir, tu auras ton secret.

Le soir venu, il confia à son disciple une petite boîte en bois, en lui disant :

– Fais bien attention ! Le secret est dans la boîte, garde-le bien.

Mais il n'eut pas plus tôt disparu que le disciple se précipita dans sa chambre et ouvrit la boîte. Une petite souris s'en échappa et s'enfuit.

Le lendemain, le disciple furieux dit à Nasreddine :

– Maître ! Vous vous êtes moqué de moi. Je vous'avais demandé un secret, mais vous ne m'avez donné qu'une souris !

– Comment puis-je croire que tu sauras garder un secret si tu n'as pas su garder la souris ? lui répondit Nasreddine avant de retourner vaquer à ses occupations.

184. LE SORT FAVORABLE

Un plaisantin voulut défier Nasreddin à la maison de thé :

– On dit que tu es très astucieux. Eh bien moi, je te parie cent pièces d'or que tu ne m'auras pas !

– Je t'aurai. Attends-moi ici, je reviens, dit Nasreddin en se dirigeant vers la porte.

Trois heures s'écoulèrent. Le parieur attendait toujours Nasreddin de pied ferme, prêt à déjouer ses stratagèmes.

Après un temps encore plus long, il finit par admettre que celui-ci l'avait bien eu. Il se rendit chez Nasreddin, muni de l'enjeu qu'il avait engagé, et le trouva allongé sur son lit.

Il laissa tomber le sac d'or par la fenêtre et s'éloigna. Nasreddin, qui n'avait entendu que le tintement des pièces, trouva le sac et compta l'or.

– Bon ! dit-il, le sort m'est favorable : il m'envoie la somme que je devrai verser si je perds le pari. Il ne me reste plus qu'à trouver un moyen astucieux de me payer la tête de ce plaisantin, qui doit m'attendre impatiemment à la maison de thé.

185. LES DIX ÂNES

Nasreddin, qui venait d'acheter dix ânes, rentrait chez lui, juché sur l'un d'eux.

Sur le chemin du retour, voulant vérifier qu'aucun ne s'était égaré ou n'était resté en arrière, il se mit à les compter. Mais il n'en compta que neuf, oubliant celui sur lequel il était perché.

Persuadé d'avoir perdu un animal, il descendit de sa monture et partit chercher l'âne manquant, battant la campagne alentour. Bredouille, il revint vers ses ânes, et s'aperçut avec stupeur qu'il y en avait de nouveau dix.

– Ah, ça ! Voilà qui est pour le moins surprenant !

Et il repartit, monté sur son âne à conduire sa petite troupe.

Plus loin, ayant entendu dire qu'il y avait des bandits dans le coin, il craignit de s'être fait voler un âne. Il les compta, et effectivement, il arriva à un total de neuf...

Parti à la recherche de cet âne volé, il ne le retrouva point, et revint dépité... découvrant à nouveau dix ânes qui l'attendaient patiemment.

– Ah, ça ! Ces voleurs ont pris peur, et m'auront ramené mon âne !

Enfin parvenu chez lui, il raconta ses mésaventures à sa femme, qui leva les yeux au ciel.

– À la vérité, dit-elle, moi, ce ne sont ni neuf ni dix ânes, que je compte devant moi ; mais onze...

186. LE MENDIANT

Nasreddin, confortablement installé sur le toit en terrasse de sa maison, profite de la douceur de la fin d'après-midi, bien décidé à attendre le soir.

Soudain tiré de sa torpeur, il entend une voix qui le hèle :

– Eh ! Nasreddin ! Es-tu là ? Nasreddin ? Viens voir un peu en bas.

Il ignore l'importun venu le déranger, mais de nouveau :

– Hodja ! Je sais que tu es là-haut. Descends, j'ai une question importante à te poser.

Après plusieurs appels, à bout de nerfs, Nasreddin finit par se lever et descendre. Il trouve devant chez lui un mendiant qui ne lui est pas inconnu.

– Nasreddin, j'ai une question pour toi.

Étonné qu'un mendiant soit venu expressément pour bénéficier de sa sagesse, il consent à l'écouter.

– Eh bien, pose ta question.

– As-tu une pièce à me donner ?

– Ah, quel malin tu fais ! Tu le sais bien, qu'on ne me dérange jamais pour rien ! Allez, monte avec moi.

Et ils grimpent tous les deux jusqu'au faîte de la maison.

– Maintenant, lui dit Nasreddin, je vais te donner ma réponse : non.

187. L'HÉRITIER RUINÉ

Un jeune homme, dont les parents, morts prématurément, étaient fort riches, vint à hériter de leur fortune.

Mais il se conduisit si mal, à dilapider sa richesse nouvelle, qu'en moins d'une année il se retrouva sur la paille. Et comme souvent en pareil cas, tous ses amis le fuyaient désormais.

Il s'en vint trouver le Hodja, qu'il avait toujours moqué à la bonne époque, mais dont il espérait obtenir bon conseil.

– Que vais-je devenir Hodja ? Je n'ai plus d'argent à présent, et j'ai perdu tous mes amis.

Après quelques instants de silence, Nasreddin répondit :

– Ne t'en fais pas, mon ami. Il te faut simplement attendre et tout ira bien.

Rassuré, le jeune homme, ravi de cette annonce, ouvrit de grands yeux pleins d'espoir.

– Que veux-tu dire, Hodja ? Je vais redevenir riche prochainement ?

– Non, mais tu vas t'habituer à être pauvre et sans amis...

188. LA COMPLAINTE DU MARCHAND

Un voisin de Nasreddin était venu le voir pour lui conter ses malheurs. Il semblait visiblement bien attristé par ce qui lui était arrivé dernièrement, des problèmes divers et variés auxquels s'ajoutaient des inquiétudes sur la marche du monde. Nasreddin, assis sur le banc à côté de son voisin, écoutait patiemment, sans un mot.

Soudain, alors que son voisin continuait de se lamenter sur son sort, le visage de Nasreddin s'éclaira :

– Voisin, tu aimerais pouvoir être dégagé du besoin de travailler pour nourrir ta famille ?

– Oui, dit le voisin qui venait de se plaindre du temps passé en voyages pour vendre ses marchandises.

– Voisin, tu voudrais pouvoir rester faire la sieste à l'ombre d'un arbre frais quand tu le souhaites ?

– Oui, fit le voisin avec un visage qui commençait à s'éclairer.

– Voisin, tu voudrais pouvoir passer ton temps à jouer ou à te détendre sans rendre de comptes à personne ?

– Oh, oui ! fit le voisin qui commençait à reprendre espoir.

– Voisin, tu voudrais que l'on te donne de l'affection seulement quand tu viens en chercher, sans rien te demander en retour ?

– C'est bien cela, Nasreddin ! Que tu es clairvoyant ! dit le voisin avec ardeur.

Nasreddin se leva d'un bon et se mit à courir en direction du village. Le voisin se leva du banc sur lequel il était assis et héla Nasreddin avant qu'il ne soit trop loin.
– Mais, Nasreddin, où vas-tu ?
– Je cours à la mosquée pour prier Allah de te transformer en chat !

189. DEUX MORTS SUR LES BRAS

Alors qu'il voyageait depuis plusieurs jours sans manger, Nasreddin Hodja arriva à l'entrée d'un village. Des hommes et des femmes, rassemblés et se lamentant, l'accueillirent comme s'ils l'attendaient.
– Ne serais-tu pas médecin, par hasard ? lui demandèrent-ils en chœur.
– Effectivement, répondit Nasreddin qui ne pensait qu'à une chose : manger.
– C'est le ciel qui t'envoie. Nous avons un malade dans le village, et personne n'arrive à le guérir.
– Conduisez-moi auprès de lui sans tarder !
Arrivé chez le malade, Nasreddin l'examina attentivement, comme s'il cherchait le secret du mal qui le faisait souffrir. Puis, se retournant vers les gens rassemblés, il demanda d'autorité :
– Avez-vous du pain chaud ?
– Oui !
– Avez-vous de la viande bien tendre ?
– Oui !
– Avez-vous du lait, du fromage et du miel ?
– Oui !
– Bien ! Ne tardez pas, et apportez-moi tout cela.
Les gens, étonnés de cette manière de soigner, apportèrent néanmoins toute la nourriture qu'ils possédaient.
Nasreddin s'installa et se mit à manger sans se laisser distraire par les regards incrédules qui l'entouraient.
Soudain, quelqu'un poussa un cri :
– Malheur ! Le malade est mort !

Devant la colère qui commençait à gronder, très calmement, Nasreddin s'essuya la bouche et dit :
– Si je n'avais pas mangé, c'est deux morts que vous auriez à présent sur les bras !

190. LA MARMITE QUI ENFANTE

Nasreddin vint frapper un jour à la porte de sa voisine :
– Peux-tu me prêter une de tes marmites ? J'en ai besoin pour faire mon repas.
– Bien sûr, lui dit-elle, je vais te la chercher.
La voisine revint avec une marmite de taille moyenne.
Le lendemain, Nasreddin frappa à la porte de sa voisine. Celle-ci, surprise, découvrit une petite marmite dans celle qui lui était rendue.
– Mais, Nasreddin, la petite n'est pas à moi !
– Mais si ! Cette nuit, ta marmite a accouché d'une petite. C'est sa fille, donc elle te revient de droit.
La voisine se moqua de sa crédulité, mais fut contente de gagner une petite marmite.
Quelques jours plus tard, Nasreddin frappa à nouveau à la porte de sa voisine.
– Peux-tu encore me prêter une de tes marmites ?
Cette fois, dans l'espoir d'en gagner une plus grande et plus jolie, elle lui prêta sa plus belle et plus grande marmite.
Deux jours passèrent, puis quatre, sans aucune nouvelle de Hodja. La voisine commença à s'inquiéter. Elle finit par aller frapper à la porte de son voisin.
– Tu as oublié de me rendre ma marmite !
– Je n'ai point oublié, mais je ne savais pas comment t'annoncer la mauvaise nouvelle. Ta belle marmite est morte la nuit où tu me l'as prêtée...
Furieuse d'être ainsi prise pour une idiote, la voisine s'écria :

– Es-tu en train de te moquer de moi, Nasreddin ? Où a-t-on jamais entendu parler d'une marmite qui meurt ?

– Pourtant, l'autre jour, tu as bien cru qu'une marmite avait enfanté ! Mais maintenant, tu refuses de croire qu'elle peut mourir ?

191. LE DÉCRET ET LE POT DE MIEL

Nasreddin, pour ses affaires, avait besoin d'un décret de la cour délivré par le cadi. Mais chaque fois qu'il se rendait à Konya pour une audience, on lui annonçait que celui-ci était sorti et ne pouvait le recevoir.

Comprenant qu'on se jouait de lui, et que l'homme était corrompu et n'acceptait de travailler que contre pot-de-vin, il revint finalement avec un pot de miel.

Étrangement, cette fois, il fut reçu et reparti rapidement avec le décret tant désiré.

Après son départ, le cadi, résolu à profiter du cadeau, eut la désagréable surprise de s'apercevoir que sous une fine couche de miel il n'y avait que de l'argile.

En rage, il envoya un des officiers de la cour chercher le Hodja :

– Va le quérir et ramène-le ici ! Il y a un problème avec le décret. Il faut faire quelques changements, sans quoi il ne sera pas valable !

Mais en voyant l'officier se présenter devant chez lui et lui annoncer la raison de sa présence, Nasreddin lui fit cette réponse :

– Écoute, tu remercieras le cadi pour cette bienveillance. Je suis désolé qu'il ait eu un problème avec mon miel ! Mais n'allons pas le déranger pour cela ; je saurai me contenter de ce décret imparfait pour lui épargner du travail supplémentaire !

192. LA LEÇON DE TIR À L'ARC

Pour tromper son ennui et fuir ses courtisans, Tamerlan convia Nasreddin Hodja à l'accompagner au champ de tir à l'arc où s'entraînaient ses soldats.

Tandis qu'un archer ajusta en pleine cible, Nasreddin s'écria :

– Quel magnifique tir ! Cela me rappelle la manière dont je maniais l'arc autrefois.

– Vraiment, dit Tamerlan ? Je n'ai jamais entendu dire que tu es un fin archer.

– Oh, si ! très célèbre même. Les hommes venaient de loin s'instruire à mes côtés, poursuivit Nasreddin avec vantardise.

– Dans ce cas, dit le souverain, fais profiter mes soldats de ta science ! Ils ne pourront qu'être meilleurs.

Piégé par cette demande, Nasreddin essaya par tous les moyens d'échapper à une démonstration. Blessure au doigt, douleur à l'épaule... Il avoua même ne plus avoir utilisé d'arc depuis de nombreuses années...

Mais Tamerlan n'en démordait pas, il voulait une leçon de ce maître providentiel.

– Regarde, dit-il en prenant un arc. Moi-même je n'ai pas tiré depuis des mois, et je suis encore capable d'atteindre le centre de la cible. Cela va te revenir dès que tu tiendras l'arc en main.

Acculé, Nasreddin dut se résoudre à lancer une première flèche, qui tira les yeux fermés. Celle-ci tomba mollement à quelques mètres de ses pieds.

Tamerlan, s'attendant à le voir embarrassé, lui vit au contraire un sourire ravi.

– Ce que je voulais te montrer d'abord, c'est la façon dont tire ton maître de chasse.

Au second tir, toujours les yeux fermés, la flèche partit se perdre dans les herbes sur la droite.

– Et ça, dit-il, c'est pour te montrer comment tire ton gouverneur de province.

Il ajusta une troisième flèche, qui rata la cible pour aller bien au-delà dans la rivière.

– Et ça, est un parfait exemple de la façon dont tire ton général en chef.

Lorsque par miracle la quatrième flèche vint se ficher en plein centre de la cible, il clame :

– Et ça, seigneur, c'est pour te montrer comment tire Nasreddin !

193. UN DIAGNOSTIC FACILE

Nasreddin Hodja avait fort envie d'apprendre la médecine.

Il alla voir le médecin le plus célèbre de sa ville et lui fit part de son désir :

– Tu tombes bien, lui dit le médecin, je vais justement visiter quelques malades. Accompagne-moi, tu pourras ainsi apprendre le métier sur le terrain.

Nasreddin suivit donc le médecin chez son premier patient. Celui-là le regarda à peine, et lui dit :

– Ton cas est très simple : ne mange plus autant de cerises, bois une tisane avant de dormir et demain tu seras guéri.

Nasreddin Hodja était plein d'admiration pour cette science qui avait permis de deviner en si peu de temps, et sans toucher le malade, de quoi il souffrait.

Une fois dans la rue, il demanda au médecin comment il avait pu être aussi précis dans son diagnostic.

– C'est très simple, lui répondit-il, j'ai regardé sous le lit et j'ai vu qu'il y avait un gros tas de noyaux de cerises. J'en ai déduit qu'il en avait trop mangé.

Le Hodja se dit que la médecine était plutôt simple, et qu'il pourrait sans doute l'exercer avec succès.

Dès le lendemain, il alla visiter seul son premier patient. Il entra, regarda sous le lit et ne vit que les vieilles babouches du malade.

– Ton cas est simple, lui dit-il, ne mange plus autant de babouches, bois une tisane avant de dormir et demain tu seras guéri.

194. LE PARI AVEC LE SULTAN

Un soir, Nasreddin organisa une grande fête, lors de laquelle il invita des musiciens et égorgea un mouton pour régaler ses amis. La nouvelle parvint dès le lendemain aux oreilles du calife, qui s'étonna de cette soudaine richesse.

– Dis-moi, Nasreddin, d'où te vient donc tout cet argent pour organiser une grande fête dans ta maison ?

– Je parie, votre Altesse ! Je parie et je gagne à chaque fois !

Intrigué, le calife poursuivit :

– Tu prétends ainsi gagner tous tes paris ?

– Effectivement.

– Dans ce cas, serais-tu prêt à parier avec moi pour cinquante akçe ?

– Avec plaisir !

Confiant en sa puissance et en sa richesse, le calife ajouta :

– Dans ce cas, je te laisse même choisir ton pari.

– Disons que demain matin tu te réveilleras avec une marque sur la fesse droite.

Sûr de son fait, le calife rentra au palais et passa une bonne journée.

Le lendemain au réveil, il se précipita devant le miroir pour vérifier, mais ne remarqua aucune tache.

Il envoya chercher Nasreddin et lui annonça qu'il avait perdu son pari. Nasreddin dit qu'il ne pouvait payer sans être certain d'avoir perdu, et le sultan, après quelques instants de réflexions, consentit à baisser son pantalon pour montrer son postérieur.

Nasreddin paya les cinquante akçe convenus et rentra chez lui.

Le lendemain, il organisa une fête plus grandiose encore, et le calife ne manqua pas de le convoquer pour en connaître la raison.

– C'est simple, émir des croyants, avant-hier, j'ai encore gagné mon pari.

– C'est un mensonge, Nasreddin, tu sais bien que tu as perdu. De plus, il ne peut y avoir deux gagnants au même pari.

– Si ! Puisque j'avais parié dix akçe avec chacun de tes serviteurs que s'ils se cachaient tôt le matin dans la salle d'audience, ils te verraient en train de me montrer tes fesses.

195. LES GENS MÉDISANTS

Le fils de Nasreddin, adolescent, était persuadé de sa laideur. Aussi ne quittait-il jamais la maison, par crainte du regard des autres et de leurs critiques.

Son père avait beau l'assurer qu'il ne fallait pas prêter foi aux médisances des gens, il restait cloîtrer chez lui. Lassé, son père lui dit un jour :

– Demain, tu viendras avec moi au marché !

Le lendemain, enfourchant son âne, Nasreddin chemina, son fils marchant à ses côtés, vers le marché.

En passant sous le porche de la porte ouest de la ville, un groupe d'hommes assis les toisa. L'un d'eux s'esclaffa :

– Regardez-moi ça ! Cet homme, bien tranquillement assis sur son âne, tandis que son pauvre fils doit marcher à ses côtés ! C'est une honte ! À son âge, il a pourtant déjà dû bien profiter de son âne !

S'assurant que son fils avait bien entendu, Nasreddin lui dit :

– Demain, tu reviens avec moi !

Le lendemain, en quittant la maison, il installe cette fois son fils sur l'âne, et marche devant, tenant la bride de l'animal. Parvenu à la porte ouest, le même groupe d'hommes les voit arriver. L'un d'eux les apostrophe :

– N'as-tu pas honte, fils indigne, de laisser ainsi ton vieux père s'échiner à pied tandis que tu te reposes sur l'âne ?

Nasreddin ne releva pas, mais se tournant vers son fils :

– Demain, tu reviens avec moi !

Le lendemain matin, les voilà repartis pour le marché, marchant tous les deux devant l'âne. Arrivés à la porte ouest, ils entendent dans leur dos :

– Regardez-moi ces deux idiots... Marchant devant leur âne sans même en profiter. L'un d'eux n'aurait-il pu monter dessus, et s'épargner la fatigue du trajet ?

De nouveau, Nasreddin dit à son fils :

– Demain, tu reviens avec moi !

Le lendemain, ils se présentèrent donc à la porte ouest, mais tous deux juchés sur le dos de l'âne cette fois-ci. Ils entendirent les hommes, toujours assis à se prélasser, dégoiser à leur sujet :

– Quelle barbarie ! Accabler ainsi un pauvre âne ! Ces deux-là n'ont vraiment aucune pitié !

Alors Nasreddin, se tournant vers son fils, lui dit :

– Es-tu convaincu à présent ? Quoi que tu fasses dans la vie, il y aura toujours des médisants pour te critiquer. La seule option qu'il nous reste serait de porter l'âne à présent... Mais même ainsi, on nous taxerait de folie.

196. LE DON PROVIDENTIEL

Alors qu'il se promenait dans la ville d'Akşehir, Nasreddin se lamentait :

– Ah, Dieu ! Donnez-moi mille akçe dont j'aurais grand besoin ; mais s'il en manque un seul, je ne les prendrai pas.

Ayant entendu cela, un riche marchand voulut tenter le Hodja, et vint le soir même jeter par-dessus son mur une bourse contenant 999 akçe. En voyant cette bourse tombée du ciel, Nasreddin s'écria :

– Dieu soit loué ! Ma prière est exaucée.

Mais constatant qu'il manque un akçe, il ajoute :

– Seigneur, tu me donneras celui qui manque plus tard, ce n'est pas grave.

Et il partit ranger la bourse dans sa malle.

Voyant cela, le marchand, irrité, frappe à la porte de la maison. Il réclame la bourse, lui expliquant qu'il s'agissait d'une plaisanterie de sa part. Mais Nasreddin, arguant qu'il s'agissait d'un don de Dieu, refusa de rendre l'argent.

– Puisque c'est ainsi, dit le marchand, allons voir le cadi, qu'il juge notre affaire !

– C'est que vois-tu, lui répondit Nasreddin, moi je ne vais pas à pied au tribunal !

Le marchand, décidé à traîner Nasreddin devant le cadi, lui amène alors un mulet.

– Mais il est tard, ajoute Nasreddin. Et je n'ai pas de pelisse pour me couvrir le dos.

Et le marchand lui prête une pelisse.

– Tu ne voudrais tout de même pas que je paraisse devant le juge avec ces vieux vêtements !

Et le marchand lui prête de beaux vêtements tout neufs.

Parvenu enfin devant le juge, le marchand réclame les 999 akçe qu'il affirme être les siens.

– Qu'as-tu à dire à ceci, Nasreddin ?

Plaidant son honnêteté, et le fait que cet argent était un don d'Allah, Nasreddin ajouta :

– Tu ne vas tout de même pas croire cet homme ! C'est un menteur notoire ! Je parie que si tu lui demandais à qui appartiennent l'âne que j'ai monté pour venir, et les vêtements que j'ai sur le dos, il oserait te dire qu'ils lui appartiennent !

– Évidemment qu'ils m'appartiennent ! s'écria le marchand indigné.

Le juge, perspicace, et comprenant à qui il avait affaire, fit condamner le marchand, et renvoya Nasreddin chez lui, avec son âne et ses beaux vêtements.

197. JE SAIS CE QUE JE FAIS...

Le pays est frappé par une terrible sécheresse, mais le bruit court que Nasreddin saurait trouver une issue à cette calamité.

Le sultan envoie ses gardes le chercher, qui le trouvent sur le pas de sa porte, assis le nez au vent.

– Il paraît que tu sais comment faire venir la pluie ?
– C'est vrai, dit simplement Nasreddin.
– Que faut-il faire ? De quoi as-tu besoin ?
– Il me faut une bassine d'eau...

Les gardes s'étonnent :

– Mais c'est justement l'eau qui nous manque ! Où veux-tu que nous trouvions une bassine d'eau dans tout le pays ?

Mais devant l'inflexibilité de Nasreddin, et le sultan ayant lourdement insisté pour que tous les moyens soient mis en œuvre pour mettre fin à cette sécheresse, voilà les gardes partis collecter le peu d'eau qu'ils peuvent encore trouver.

Dans la petite bassine à moitié remplie déposée à ses pieds, Nasreddin trempe alors la djellaba qu'il vient d'ôter et la frotte avec du savon.

Stupéfaits, les gardes n'en reviennent pas :

– Mais que fais-tu ?
– Je sais ce que je fais.
– Mais nous t'avons demandé de...
– Je sais ce que je fais.

Comme il achève de frotter la djellaba, Nasreddin se lève et vide l'eau de la bassine à même le sol, devant l'assistance médusée.

– Il me faut une autre bassine d'eau...

S'en suit une longue dispute, certains accusant de folie cet énergumène qui se moque d'eux, d'autres défendant la sagesse du personnage qui les a déjà tirés de maintes épreuves.

On finit par réquisitionner un peu d'eau en mettant à contribution la population déjà assoiffée, et une seconde bassine est déposée aux pieds de Hodja.

Celui-ci y trempe sa djellaba pour la rincer, tandis que les plus virulents l'insultent et manquent de le frapper.

Mais lui, imperturbable :
– Je sais ce que je fais.

Ayant finalement terminé cette interminable lessive, il demande qu'on l'aide à tordre la djellaba pour l'essorer.

De mauvaise grâce, on l'aide, déplorant les gouttes qui finissent encore sur le sol sec et craquelé.

Il se dirige alors derrière sa maison, et sur la corde à linge étend le vêtement encore humide.

Il n'a pas plus tôt fini de l'y accrocher que du fond de l'horizon arrivent de lourds nuages qui grossissent, noircissent, et laissent éclater le plus violent orage que l'on ait vu depuis bien longtemps.

– Voilà ! conclut Nasreddin. Chaque fois que je veux faire sécher ma djellaba, il pleut !

198. LA BOUGIE

En plein hiver, fanfaronnant au café comme à son habitude, Nasreddin finit par dire :
– Je pourrais tenir tout nu, debout dans la neige, sans aucun feu pour me réchauffer.

Mis au défi par ses amis, il promit même un banquet pour tous s'il ne gagnait pas son pari.

Tandis que tous partirent se coucher, Nasreddin, nu au milieu de la place enneigée, entama sa longue nuit de veille.

Rapidement, le sommeil le gagna. Pour ne pas sombrer, il se mit à fixer la flamme dansante de la bougie qu'on pouvait voir dans la maison de l'autre côté de la place.

Au petit matin, à ses amis qui lui demandèrent comment il avait pu rester éveillé aussi longtemps, il avoua s'être aidé de cette bougie.

– Tu as bien dit une bougie ? dirent aussitôt ceux-ci. Tu t'es donc aidé d'une flamme, qui t'a sûrement réchauffé. Tu as donc perdu ton pari !

Malgré ses protestations, Nasreddin finit par accepter le verdict, et les invita tous à la nuit tombée pour le banquet promis.

Juste après l'appel du muezzin pour la prière du soir, ses amis se présentèrent et s'assirent en tailleur sur une natte.

– Le dîner n'est pas tout à fait prêt, lança Nasreddin de sa cuisine.

– Nous ne sommes pas pressés, nous attendrons le temps qu'il faut, dirent-ils.

Humant l'air ambiant pour deviner ce qui pouvait mijoter dans la cuisine, ils ne décelèrent aucune odeur particulière. Ils attendirent un très long moment, mais à chaque nouvelle demande Nasreddin leur disait que le dîner n'était pas prêt.

Finalement, tenaillés par la faim, ils proposèrent à Hodja de l'aider, et se rendirent dans la cuisine, où ils trouvèrent celui-ci debout, en train de remuer avec application le contenu d'une grande marmite en cuivre suspendue et sous laquelle brûlait à bonne distance une bougie vacillante.

– Ce ne sera plus très long, leur dit Nasreddin, scrutant l'intérieur de la marmite froide. Ça ne devrait pas tarder à bouillir. Une bougie donne tellement de chaleur, vous le savez bien !

199. LE BANQUET DES SAVANTS

Trois savants, qui se présentèrent en ville, voulurent rencontrer Nasreddin Hodja dont ils avaient tant entendu parler. Lorsque celui-ci parut devant eux au banquet auquel il l'avait convié, ils s'écrièrent :

– Voici le savant Hodja ?

Puis, voulant le mettre à l'épreuve, le premier demanda :

– Où est le centre de la terre ?

Avec l'orteil de sa chaussure usée, Nasreddin indiqua la trace laissée par le sabot son âne.

– Le centre de la Terre est exactement sous le sabot de mon âne !

Peu convaincu, le premier savant rétorqua :

– En es-tu certain ?

– Je le suis, dit Nasreddin en haussant les épaules. Mais si vous en doutez, vous n'avez qu'à le mesurer. Si votre mesure montre que le centre de la Terre est, ne serait-ce que d'un pouce, éloigné de l'endroit que je vous ai indiqué, je saurai que vous êtes plus grand savant que moi.

Le prêtre, dubitatif, regardait toujours la trace laissée par le sabot de l'âne, mais finit par hausser les épaules et fit signe au second savant de prendre son tour.

– Combien d'étoiles brillent dans le ciel ? dit-il.

– Il y a autant d'étoiles dans le ciel qu'il y a de poils sur mon âne.

– Comment le sais-tu ?

– C'est quelque chose que je sais. Mais si vous doutez de mon propos, vous pouvez compter les étoiles dans le ciel et compter les poils sur mon âne. S'il y a une étoile ou un poil en plus ou en moins, tout Akşehir saura que vous êtes beaucoup plus sage que moi.

Le deuxième savant, résigné, haussa à son tour les épaules et céda son tour au dernier savant., le plus important d'entre eux. Son turban était le plus grand. Sa barbe était la plus fournie. Son expression était la plus suffisante.

– Dis-moi, Hodja ! Combien de poils y a-t-il dans ma barbe ?

Et il caressa fièrement sa longue barbe poivre et sel.

– Oh ! C'est une question simple. Il y a autant de poils dans votre barbe qu'il y a de poils dans la queue de mon âne.

– Comment en es-tu aussi sûr ? demanda le savant.

– Oh, vous pouvez douter de ma réponse, dit Nasreddin. Dans ce cas, vous enlèverez un poil de la queue de mon âne pendant que j'en enlèverai un de votre menton. Si dans la queue de l'âne il reste un seul poil après que votre barbe est épilée ou si, dans votre barbe, il reste un seul poil après que la queue de mon âne est épilée, vous pourrez dire que vous en savez plus que Nasreddin.

Caressant sa barbe, le savant abandonna et rejoignit la foule. Nasreddin, lui, se demandait quand le banquet allait commencer.

200. L'ÉLÉPHANT DE TAMERLAN

Alors qu'il passait par Akşehir avec son armée, Tamerlan laissa s'échapper un de ses éléphants de guerre. Celui-ci, rendu fou par des années de services sur les champs de bataille, semait la panique et la désolation dans les rues de la ville.

Les habitants, n'en pouvant plus et n'ayant trouvé nul moyen de stopper ou de calmer le pachyderme, vinrent trouver Nasreddin.

– Hodja, aie pitié ! Toi seul peux aller convaincre Tamerlan de faire quelque chose pour mettre fin à cette calamité.

Nasreddin leur répondit :

– Soit ! Mais à une condition : dix d'entre vous m'accompagneront pour aller voir le souverain.

Effrayés et peu convaincus, les habitants acceptèrent néanmoins la proposition.

Le lendemain, la délégation menée par Nasreddin se rendit auprès de Tamerlan. Mais une fois parvenu devant ce dernier, notre héros eut la désagréable surprise, en se retournant, de s'apercevoir que tous, de peur de faire face à ce cruel roi, avaient fui.

– Ah, c'est ainsi ? se dit-il. Vous allez voir ce que vous méritez.

Puis, se tournant de nouveau vers Tamerlan en s'inclinant :

– Seigneur ! Nous autres, habitants d'Akşehir, avons grandement apprécié que tu daignes nous laisser un de tes éléphants pour nous tenir compagnie. C'est une bête magnifique, à la hauteur de ta grandeur et de ta noblesse ; mais malheureusement, le pauvre animal se sent bien seul de son espèce parmi tous ces humains. Il lui manque la présence d'une femelle, pour partager ses joies et ainsi ne pas dépérir. Aussi, au nous de tous mes concitoyens, je t'implore de lui faire parvenir une éléphante dès demain.

Heureux d'apprendre que son éléphant était à ce point apprécié des habitants d'Akşehir, Tamerlan ne put que se réjouir à l'idée de les contenter aussi facilement, profitant de l'occasion pour montrer sa bienveillance envers le peuple.

– Remercie tes concitoyens, et il sera fait selon votre souhait !

De retour en ville, et à la horde de curieux qui désirait connaître l'issue de l'entrevue, Nasreddin dit simplement :

– Soyez rassurés, mes amis ! Tamerlan n'est pas aussi borné qu'il paraît. Il a accepté notre requête, et dès demain, vous devriez voir le résultat...

Conte 198 – La bougie

Table des matières

LE MONDE DE NASREDDIN HODJA 7

CONTES DE NASREDDIN HODJA 21

    1. Équité conjugale. 23
    2. Une question d'équilibre. 23
    3. Un ami perspicace 23
    4. La lettre pour Bagdad......................... 24
    5. Ceux qui savent… 24
    6. Au poste de police 25
    7. La barbe.. 25
    8. Le paysan ou le roi ? 26
    9. Le panier de pêche 26
    10. Une bonne question 27
    11. Le dernier mot 27
    12. Devinette déloyale............................. 27
    13. La moustache. 28
    14. La besace perdue 28
    15. La rage de dents 28
    16. Chemise et pantalon 29
    17. La procession 29
    18. La djellaba 30
    19. Idiot ou escroc 30
    20. Les sandales 30
    21. Aboiements intempestifs 31
    22. Le prix de l'omelette 31
    23. Le fardeau de l'âne 32
    24. L'imbécile 32
    25. Un conseil d'ami 32
    26. Le nom de ta femme ? 33
    27. La lune ou le soleil ? 33
    28. Solidarité. 34
    29. Musiciens cambrioleurs...................... 34
    30. Vendeur de légumes 35
    31. Éternel insatisfait............................... 35
    32. Le bain de mer 35

33.	Un drôle d'ami	36
34.	Le miroir	36
35.	Monter dans l'arbre	36
36.	Bercer bébé	36
37.	Perdre la tête	37
38.	Désigner le coupable	37
39.	L'âge de ton frère	38
40.	L'âne perdu	38
41.	Perte de raison	38
42.	Un âne talentueux	39
43.	Un départ soudain	39
44.	L'échange	39
45.	Un lit bien rempli	40
46.	Un travail ardu	40
47.	Faim nocturne	41
48.	Vigueur et jeunesse	41
49.	Une femme remuante	41
50.	Et la lumière fut…	42
51.	C'est le même goût !	42
52.	Le prix des choses	43
53.	Fontaine indigne	43
54.	La fuite du temps	43
55.	Fils de génie	44
56.	La négociation	44
57.	Le cercueil	44
58.	Désorienté	45
59.	La baignade	45
60.	L'âne devenu cadi	46
61.	La grande joie	46
62.	Le tapis	46
63.	Le corbeau	47
64.	Le charpentier	47
65.	Le disciple	48
66.	Un fils paresseux	48
67.	Un vol contrarié	48
68.	Un oubli pas ordinaire	49
69.	Le parapluie	49
70.	Dispute conjugale	49
71.	Chacun son rôle	50
72.	L'intelligence de l'âne	50
73.	Repas frugal	51
74.	L'ordre des choses	51
75.	L'ange de la mort	52
76.	La bonne soupe	52

77.	Reçus dans le ciel	53
78.	Chacun ses affaires	53
79.	Le signe du zodiaque	54
80.	La recette	54
81.	Les savants	54
82.	L'accouchement	55
83.	Parole contre parole	56
84.	Les voies de Dieu	56
85.	Leçon d'éducation	57
86.	Les lunettes	57
87.	Le ramadan	58
88.	À l'envers	58
89.	Tu as raison	58
90.	Fermentation lac…tique.	59
91.	Un cas compliqué	59
92.	Un mendiant avisé	60
93.	L'objet perdu	60
94.	Le clou de Nasreddin	61
95.	L'effet de la boisson	61
96.	La mort de Nasreddin	62
97.	Le bœuf de Nasreddin	62
98.	Le manteau de Nasreddin	63
99.	Le pouvoir du turban	63
100.	Ministre du Pétrole	64
101.	Le partage des hommes	64
102.	À terre	65
103.	Le glouton	65
104.	Marche !	66
105.	Le dindon de la farce	66
106.	Le pot de miel	67
107.	Secours à un noyé	67
108.	Le musicien	68
109.	Prudence en toute chose	68
110.	Le voyageur rusé	69
111.	La force de la vieillesse	69
112.	Le partage des richesses	70
113.	Un fils obéissant	70
114.	L'origine du son	71
115.	Le philosophe	71
116.	Le cambriolage	72
117.	L'audience royale	72
118.	Dur en affaire	73
119.	Le sauvetage	73
120.	Le bol de lait	74

121.	Le naufrage	74
122.	L'examen final	75
123.	Le voyage du mort	75
124.	La hache et le chat	76
125.	Le monde appartient	76
126.	Le couteau	77
127.	Les retrouvailles	77
128.	La corde à linge	78
129.	Trouver le sommeil	78
130.	La ration de l'âne	79
131.	Le vinaigre de quarante ans	79
132.	La soupe froide	79
133.	Appel à l'aide	80
134.	Honorer sa dette	80
135.	La bourse égarée	81
136.	Le sel magique	81
137.	Embarrassant témoin	82
138.	Le prix des ânes	84
139.	Un choix évident	84
140.	Le prix d'une gifle	84
141.	Les habits troués	85
142.	Les dattes	85
143.	Retrouver son âne	86
144.	Dernière volonté	86
145.	Le rossignol	87
146.	Le portrait de son père	87
147.	Simple idiot	88
148.	La peur bleue	88
149.	L'annonce du sultan	89
150.	Le fruit du pommier	89
151.	Conversation avec soi-même	90
152.	Le banquet	90
153.	Conversation avec le bœuf	91
154.	Le jour de ma mort	91
155.	Les choux	92
156.	Une dispute nocturne	92
157.	Caché dans le placard	93
158.	La fumée de la viande	93
159.	L'âne maudit	94
160.	Condamnation à mort	95
161.	Donnez-moi une corde !	95
162.	Pourboire au hammam	96
163.	Compter les jours	96
164.	Le poids du chat	97

165.	Et pourquoi pas ?	98
166.	La cruche des Danaïdes	98
167.	Le boiteux	99
168.	À l'assaut !	100
169.	La visite du philosophe	100
170.	Le prix du transport	101
171.	L'agitation des foules	101
172.	La relativité des choses	102
173.	La cuillère en argent	102
174.	La voix de Nasreddin	103
175.	La traversée du fleuve	103
176.	La fin du monde	104
177.	L'âge des choses	105
178.	Les registres fiscaux	106
179.	L'excuse et la faute	106
180.	L'âne savant	107
181.	Le miroir	108
182.	Un régime efficace	108
183.	La souris	109
184.	Le sort favorable	110
185.	Les dix ânes	111
186.	Le mendiant	111
187.	L'héritier ruiné	112
188.	La complainte du marchand	113
189.	Deux morts sur les bras	114
190.	La marmite qui enfante	115
191.	Le décret et le pot de miel	116
192.	La leçon de tir à l'arc	117
193.	Un diagnostic facile	118
194.	Le pari avec le sultan	119
195.	Les gens médisants	120
196.	Le don providentiel	121
197.	Je sais ce que je fais…	123
198.	La bougie	124
199.	Le banquet des savants	125
200.	L'éléphant de Tamerlan	127

Kalfair Voyage Édition

Dernières parutions

Nomades du Tien Shan
15 jours en famille dans le nord du Kirghizstan
(W. Schueller, 2017)

Vie d'Ali Pacha, visir de Janina
Surnommé Aslan ou le Lion
(A. De Beauchamp, 1822)

Le roi des montagnes
(E. About, 1857)

Contes Albanais
(A. Dozon, 1881)

Tous nos titres sont disponibles sur **Amazon.fr**

Printed in Great Britain
by Amazon